現代世界は地理から学べ

代々木ゼミナール地理講師&コラムニスト
宮路秀作

ソシム

はじめに

地理を学ぶことで現代世界を知り、「なぜ、そうなったのか？」を知るために歴史を紐解く。

これは、私が常日頃から抱いている想いです。というのも、地理とは「歴史の最新のページ」であると考えているからです。だからこそ、地理学は現代世界を学ぶために最適な学問であり、「地理と歴史は自動車の両輪のようなもの」といえるわけです。どちらが欠けても認識は深まらないのです。

そのように考えれば、地理学とは事実を積み重ねることで見えてくる現代世界の形を探究する学問といえます。

かつて大学入試の地理にて、「古代文明地域の気候と地勢にかかわる共通点と文明形成に対する影響」について述べる問題が出題されたことがあります。一見、「それは世界史の問題では?」と思うかもしれませんが、間違いなく地理の問題です。

よく知られている3つの古代文明地域には乾燥気候が展開していますが、水量の豊富な外来河川が流れていることもあり、灌漑《かんがい》による穀物栽培が行われて食料供給量が増えました。これにより人口が増えて交易が行われるようになると、記録するための文字が発明されていきました。しかし、過度に灌漑が行われたこともあり、土壌の塩害化をまねいて現在では不毛地となっているところが多いといいます。

現代世界そのものが地理なのであって、「100年前の現代世界」があれば、「1000年前の現代世界」もあるはずです。だからこそ、歴史とは各時代の地理の積み重ねによって創り出されているはずです。

「地理」とは、英語で「Geography」といいますが、これはラテン語の「geographia」を語源に持つ言葉です。「geographia」とは「geo(地域を)」「graphia(描く)」という意味であり、まさしく「地域を描く」、つまり任意の空間に存在する「事実を描いて観察する」ことこそ地理学といえます。

本書では、「国際情勢」「資源」「投資」「自然災害」「人口」の5つのテーマを取り上げ、そこに存在する「事実」を連鎖させて観察していきます。本書を通じて知識が増えることで、読者のみなさんが「なるほど！　あれとこれが繋がるんだね！」という感覚を覚えて頂ければ、筆を執ったかいがあるというものです。

知識が増えることで、「景観」はより面白くなっていきます。本書を通じて、「地理学ってこういう学問なんだね！」と、読者のみなさんの蒙を啓くきっかけとなることを期待しています。

2024年1月　宮路秀作

Contents

第2章 地理学的視点で「国際情勢」を読む

第3章

地理学的視点で「資源」を読む

第4章 地理学的視点で「投資」を読む

第5章 地理学的視点で「自然災害」を読む

第6章 地理学的視点で「人口」を読む

第1章

地理学的視点の基礎知識

1-1 距離の概念

絶対距離と時間距離、経済距離

「距離」という言葉を聞くと、多くの人はまず初めに、出発地から目的地までの距離といった物理的な距離のことを思い浮かべるのではないでしょうか。例えば、「東京から大阪まで、どれくらい？」と質問すれば、「だいたい400㎞くらいかな」と答えます。しかし、同じ「どれくらい？」だったとしても、「今日はここまでどれくらいかかった？」と尋ねられれば、「1時間くらいだった」と答えるので、「どれくらい？」という言葉は状況によって意味が変わってきます。**出発地から目的地までの物理的な距離を「絶対距離」、出発地から目的地までの移動に要した時間を「時間距離」といいます**。

我々はみな忙しい日々を送っていて、いかに生産性を上げるか、いかに効率性を高めるかを考えています。しかし、炊飯器や洗濯機などが登場して暇になったかといえばそんなことはなく、機械化が進展しても空いた時間で何かを始めてしまうので、結局はいつも忙しいわけです。人間がみな平等に与えられている「1日24時間」という時間をどのように過ごすかが人生の豊かさに直結します。**だからこそ、我々は移動にかかる時間、つまり時間距離を縮めることに心血を注いできました**。「どこでもドア」が存在すれば色々なことが解決すると思いますが、その実現はなかなかにして遠い未来のことです。

時間距離を縮めるために考えられることは、絶対距離を縮めるか、移動速度を上げることです。確かにプレートの狭まる境界を挟んだ二地点は、いつかは絶対距離が縮むでしょうが、それは数億年後のことであり現実的ではありません。そもそもプレートの広がる境界を挟んでいれば、逆に絶対距離が大きくなってしまいます。だからこそ移動の高速化のために、高速鉄道の開発や高速道路の建設、はたまた航空輸送の整備を急いできました。

移動というのは、何もモノだけではありません。情報も移動します。「情報が移動する」といわれると「ん!?」と思いますが、例えば日本にいながら海外で行われているオリンピック中継をリアルタイムで視聴できることなどがそれです。リアルタイムということは、情報の時間距離はほぼゼロになったといえます。情報通信技術の進展が目覚ましく、情報収集の端末機器さえあれば世界中どこにいても情報を取得することが可能となりました。江戸時代に、遠隔地への情報伝達に旗振《はたふ》り通信が利用されていたことを考えると、目まぐるしい進歩です。

また、移動にかかる費用で表す距離のことを「経済距離」といいます。旅行において、いくら旅費が安くなるとはいえ、時間距離が大きすぎてはその交通手段を利用することはありません。普段は東京で生活している私ですが、郷里《きょうり》の鹿児島市までの移動は飛行機を利用します。「青春18きっぷ」を利用すれば確かに安くなりますが、2〜3日はかかってしまいますので、よっぽど時間に余裕がない限り利用できません。**我々は、絶対距離よりも、時間距離と経済距離を比較しながら、その時点での最適な交通手段を選好《せんこう》しています。**

一次情報に当たる

絶対距離、時間距離、経済距離のほかに、「感覚距離」というものもあります。これは単純にその人が持つ感覚で表すものです。例えば、日本人が持つアメリカ合衆国に対する感覚はどのようなものでしょうか？　おそらく「近しい存在」と捉えているのではないでしょうか。では、日本からアメリカ合衆国よりも絶対距離が近い北朝鮮に対する感覚はどのようなものでしょうか？　きっと「遠くの存在」と捉えているのだと思います。

この差がどこから出てくるのかといえば、それは情報の質と量によるといえます。

現代世界は、常に情報に支配されています。本来、情報とは発信源が明らかになっていなければ、真偽《しんぎ》はともかくそもそも情報としての価値がありません。何かしらの記者会見が開かれたとき、質疑応答のさいには「所属先とお名前を明らかにして質問してください」というルールがあるほどです。

ところが、現代世界ではインターネットの登場により、それまで一部の人たちに限られていた情報発信が大衆化し、さらにブログやSNSの登場によってそれが拡大しました。匿名で情報を発信する人が増え、発信源が明らかではなくても、それを鵜呑《うの》みにする情報リテラシーの低い社会が構築されています。情報発信とは「大いなる伝言ゲーム」ですので、二次情報、三次情報ともなれば、もはや事実からはほど遠い情報になっていることが多々あります。だからこそ、我々は一次情報にあたらなければならないのですが、多くの人々にとってそれは面倒くさいことなのであって、手っ取り早く「テレビで誰々が言っていた」という程度の情報を入手するに留《とど》まります。

情報過多の時代だからこそ、一次情報にあたることの重要性が高まっているように思います。

感覚距離とパラオ

さて、みなさんはパラオ共和国という国があるのをご存じでしょうか？「あ〜、一枚布を身体に巻き付けるやつね？」、それはパレオ。ちなみに、パレオとは元々はタヒチの民族衣装です。「あっ、三波《みなみ》ね！」、それはハルオ。

さて、冗談はこれくらいにして。パラオとは、太平洋に浮かぶ島国で、大小２００ほどの島々からなります。首都マルキョクは北緯7度30分、東経１３４度30分に位置していることもあって、日本とは時差がありません。

かつてパラオは日本の委任統治領《いにんとうちりょう》でもありましたが、日本の敗戦によってアメリカ合衆国の信託統治領《しんたくとうちりょう》となりました。その後、１９９４年10月１日に独立します。パラオが独立した時の大統領はクニオ・ナカムラさん、日系パラオ人でした。

パラオの国旗は太平洋に浮かぶ満月を模《も》して作られたとされていて、青地に黄色の円があしらわれています。旗が風になびくときに黄色の円が真ん中に見えるように、やや中央から左にずらしてあるのが特徴です。**お気づきかと思いますが、デザインが日本の日の丸に似ています**。

日本の委任統治領時代には、学校や病院、道路などのインフラ整備が進められ、多くの日本人が移住したこともあって、その影響が今でも感じられます。パラオ語になった日本語は５３１語あるとされ、現在でも４７１語が日常生活で使用されています。「アサヒ」はビール、「ビョーイン」は病院、「シコーキ」は飛行機、「ツカレナオース」は飲酒、「ア

「KBブリッジ」の正式名称を示すプレート

Japan Palau Friendship Bridge
Construction Completed 2002
From the People of Japan

memo 日本の国旗と似ているパラオの国旗

出所：著者撮影

ジダイジョーブ」は美味しいと、ほとんどふざけてるのかと思うような言葉がパラオ語には存在し、それらは日本語を由来としたものです。

パラオには空港があるバベルダオブ島（Ｂ）と最も賑《にぎ》わっているコロール島（Ｋ）を結ぶＫＢブリッジという橋があります。初代ＫＢブリッジは残念ながら１９９６年に壊れてしまい、現在のＫＢブリッジは二代目です。二代目ＫＢブリッジは日本のＯＤＡ（政府開発援助）で建設されたこともあり、「日本とパラオ友好の橋」という正式名称がつけられています。**橋のたもとには、名称を記したプレートが埋め込まれていて、日本人としてそれを見ると実に誇らしく思います。**

さて、ざっとではありますが、パラオの話を聞いてみなさんのパラオに対する感覚にはどのような変化がありましたか？「へぇ～、パラオって聞いたこともなかったけど、日本とゆかりの深い国なんだね」と思ってもらえたのであれば、感覚距離は小さくなったといえます。

このように感覚距離は情報の質と量で変化するということがお分かり頂けたと思います。

まとめ

- 地理学における4つの距離とは、絶対距離、時間距離、経済距離、感覚距離。
- 我々は時間距離を小さくすることを目指して技術を進化させてきた。そして感覚距離は情報の質と量によって変化する。

1-2 スケールの概念

スケールによって、観えてくるものが異なる

地理学においては、研究対象となる事象が「どのような場所」に存在しているのかということが最も重要です。それは何故なのかというと、**研究対象地域をどのスケールから観察するかによって、観えてくるものが異なる**からです。私は大学時代に地理学を修めた地理学プロパーであり、農業地理学のゼミに所属していました。そこで本節は、農業を例にお話してみます。

例えば、水田分布を観察するさい、20万分の1地勢図（20万分の1の縮尺を用い日本全国を130面で整備している地図のこと）を持ち出して観察することは、やや不適切に思います。「地勢」とは、「地形の大勢を表す図」のことであり、もっと分かりやすくいえば「その地域の土地の様子」という意味です。昭和20年代後半頃より「地勢図」と呼ばれる

ようになり、それまでは「帝国図（regional map）」という名称でした。「ここには高峻《こうしゅん》な山地が広がっている」「山間を河川が流れている」といった情報は得られますが、あまりにも収録範囲が広すぎて、水田がどこに分布しているかを読み取ろうにも、「田んぼが広がっているね！」くらいしか地勢図からは判読できません。

しかし、同じ地域を縮尺2万5000分の1や5万分の1の地形図で観察すると、地形との関係性をある程度把握することができます。「河岸段丘《かがんだんきゅう》」という地形が広がる地域を例にとって考えます。河岸段丘は長年の河川侵食《かせんしんしょく》によって、河川の両側、または片側に発達した階段状の地形です。平坦面は「段丘面」、段丘面と段丘面の間の崖は「段丘崖《がい》」とそれぞれ呼ばれます。河川侵食によって形成される地形であるため、段丘面の形成時期は河川に近づくほど新しく、離れるほど古いといえます。特に形成時期が古い段丘面は、その分標高が高く地下水位が深いため、水利に恵まれません。そのため、土地利用を見ると、「畑地（⋁）」や「果樹園（○）」などが見られます。最も新しい段丘面は河川沿いに位置するため、河川水を利用した灌漑《かんがい》による水田が拓《ひら》かれていることもあります。また段丘崖下《だんきゅうがいか》は湧水帯《ゆうすいたい》となり水利に恵まれますので、崖に沿って列状に家屋が並ぶ集落が見られることがあります。

まれに、河川から離れた段丘面上《だんきゅうめんじょう》に「水田（||）」の地図記号が見られますが、これは近くにため池が存在し、これらを水源とした灌漑が行われているのだろうと推察されます。この「ため池」は造成場所によって、その目的が異なります。等高線（同じ高さの地点を結んだ線）が低い方に張りだしている場所、つまり「尾根」に造成されていれば、「あっ、なるほど！　効率良く低い方に流すためなんだな！」と理解できます。一方で等高線が高い方に食い込んでいる場所、つまり「谷」に造成されていれば、「おお！　周囲からの水を効率良く集めるためなんだな！」と理解できます。このように「地形図」は、ため池の造成場所一つとっても観察することができますが、「地勢図」は観察する範囲が広すぎて、ここまでの様子を読み取ることは困難です。

ちなみに、**「地形図」と呼ばれるものは、1万分の1、2万5000分の1、5万分の1の3つの縮尺だけをいいます**。

例えば5000分の1地図のように、縮尺を大きくして観察すると、地形との関係というよりは「家屋と水田の距離はどれくらい？」「圃場《ほじょう》や農道の整備状況は？」といったことを農業経営の視点で考えることができます。

マクロとミクロに優劣があるわけではない

かつて京都大学で教鞭《きょうべん》をとられていた地理学者の浮田典良（うきた・つねよし）先生は、1970年4月に開催された日本地理学会春季大会の「農業地理学の性格と課題」と称するシンポジウムにおいて、「マクロなスケールの論文とミクロなスケールの論文とでは、ミクロの方が書きやすい」という趣旨のことを仰っています。**あらかじめ研究対象地域を「どのスケールで観察するか」を決めておくことの重要性は、農業地理学に限ったことではなく、地理学全般にいえることです。**つまり、マクロな視点（巨視的《きょしてき》）とミクロな視点（微視的《びしてき》）、どちらのスケールが重要かといった優劣があるのではなく、観察するさいにあらかじめスケールを決めておくことが重要であるということであり、地理学研究におけるスケールの重要性について述べられているわけです。

例えば、夏の訪れを感じる頃に、突如気温が35℃を超える猛暑日になったとします。すると、この現象に対して「やっぱり最近の地球温暖化の影響はとんでもない！」と思うことがあるかもしれません。しかし、「東京」という小さい空間スケールにおいて、「地球温暖化」という地球規模で展開するような大きな空間スケールの話をあてはめて考えることがはたして最適といえるでしょうか？

もちろん、地球温暖化の要因は完全に無視することはできません。しかし、「東京」という小さい空間スケールにおける気温上昇の支配的な要因となり得るかといえばそうではなく、やはりここは、「ヒートアイランド現象」について言及するのが最適であるように思います。

地理学が扱う分野は多岐にわたりますが、**特にスケールについて厳密に配慮を払ってきたのは気候学ではないでしょうか**。

高等学校の地理で学ぶ「ケッペンの気候区分」について言及すると、気候学者であったウラジミール・ペーター・ケッペン（1846～1940、ドイツ）は、「植生分布《しょくせいぶんぷ》は気候に影響されて展開する」と考えました。そこで、植物の生育に必要な「適度な温度」「水」が得られるか否かによって、まずは樹木気候《じゅもくきこう》と無樹木気候《むじゅもくきこう》とに気候を大きく区分しました。年降水量が極端に少ない（正確には年降水量が乾燥限界値よりも少ない）場合は乾燥気候、気温が低く寒冷な場合は寒帯気候、この2つの気候を無樹木気候と定義づけました。これらはその名の通り、樹木がほとんど見られない気候です。樹木気候は気温と降水量の大小によって、さらに細かく分類されていきます。

気候のスケールとそれに対応する気象現象

気候	地域の水平的広がり	垂直的広がり	気象現象の例	対応する気象の寿命時間	その現象の例
大気候	$(2\sim4)\cdot10^5\sim10^7$m	$10^0\sim2\cdot10^5$m	季節風 東アジアの雨季	$10^5\sim10^7$秒	ジェットストリーム シベリア高気圧
中気候	$10^3\sim2\cdot10^5$m	$10^0\sim6\cdot10^3$m	盆地の気候 関東平野の風	$10^3\sim10^5$秒	集中豪雨 トーネード
小気候	$10^1\sim10^4$m	$10^{-1}\sim10^3$m	斜面の温暖帯 霜道	$10^1\sim10^4$秒	しゅう雨 海陸風
微気候	$10^{-2}\sim10^2$m	$10^{-2}\sim2\cdot10^0$m	水田の気候 温室内の気候	$10^{-1}\sim10^1$秒	風の息 川霧

memo 空間スケールだけでなく、時間スケールにも規模の違いが見られる

出所：吉野正敏による

様々なスケールで観察し、そして比較検討する

地理学者であり、気候学者でもあった吉野正敏（よしの・まさとし）先生は、気候を「大気候」「中気候」「小気候」「微気候」に区分して、水平的広がりだけでなく、垂直的広がりも示しました。

この表から読み取れることとして面白いのは、気候に対応した気象現象は、空間スケールだけでなく時間スケールにも規模の違いが見られるということです。**つまり、空間スケール（水平的広がりと垂直的広がり）が大きい気象現象は、時間スケール（寿命時間）が長いということ**です。

たしかに、竜巻のような小さい空間スケール

で展開する現象は、短時間で終息に向かいます。しかし、エルニーニョのような地球規模で影響を与えるような現象は、数年にわたって展開します。二十世紀最大といわれた１９９７年から１９９８年にかけて発生したエルニーニョの時は、実に海水温が３・６℃も上昇しました。ペルー沖で海水温が上昇すると、周辺海域で上昇気流が生じやすくなり、オーストラリア北部から東南アジアにかけて下降気流が強まります。これが干ばつや森林火災などを引き起こします。エルニーニョはペルー沖の海域だけの問題ではないのです。

地域を観察するさい、スケールによって観点や問題点が変わるのですから、どのスケールで捉えるのが適切かということは一概には言えないのです。つまり、**大なり小なり、様々なスケールで観察し、それらを比較検討することが重要**であるということです。

まとめ

●スケールの大小によって観察する地域の特徴や問題点が異なるため、様々なスケールで観察し比較検討することが重要である。

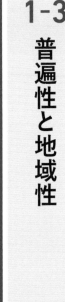

1-3 普遍性と地域性

地理総合、必修化

２０２２年４月に高等学校へ入学した学年から、地理歴史科においては「地理総合」が新設されて必修科目となりました。同じく「歴史総合」という科目も新設され、必修科目となりましたので、**これによって地理と歴史を等しく学ぶという本来あるべき教育の姿となりました**。

地理総合が必修化される以前は、高等学校地理歴史科においては「世界史Ａ、もしくは世界史Ｂ（以下、世界史科目）のいずれかが必修科目」であったため、地理Ａ、もしくは地理Ｂ（以下、地理科目）は選択科目であり、地理の選択状況は都道府県単位でかなり差がありました。文科省の三橋浩志氏の著した「高等学校地理歴史科の科目選択に関する地理学的研究」によると、私の郷里、鹿児島県においては97％が地理を選択していたにもかかわらず、愛知県ではたった34%でした。

高等学校で地理科目を選択してこなかった方々は、地理的知識が中学校で止まっているので、地理とは山の名前を覚えて、川の名前を覚えて、各地域の物産品を覚えて……、といった暗記科目と捉えている傾向があり、地理が一体何を学ぶ科目なのか理解していないといえます。**本来、地理とはそういう科目ではありません**。

前節では、「地理学におけるスケール」について解説しました。本節ではスケールと並ぶ、地理学における重要な要素、「普遍性と地域性」について解説したいと思います。

普遍性と地域性

地理を学習していく上で、最大の面白さは、「一見、関係なさそうな事象が連鎖して、物語ができあがっていく」ことにあると思います。こうしてできあがっていく物語を地理学では「景観《けいかん》」といいます。同じ場所を観察しても、人によって知的背景が異なることから、できあがる景観もまた異なります。さらにいえば、観察している空間スケールの大小によっても変化するわけです。こうしたことを比較検討し、**地域性をあぶり出していくことに地理学の面白さがあると思っています**。

身近な例でいうと、「あなたの街のお雑煮は何味？」というおなじみの問は、雑煮の味付

お雑煮の味付け・だしの種類の違い

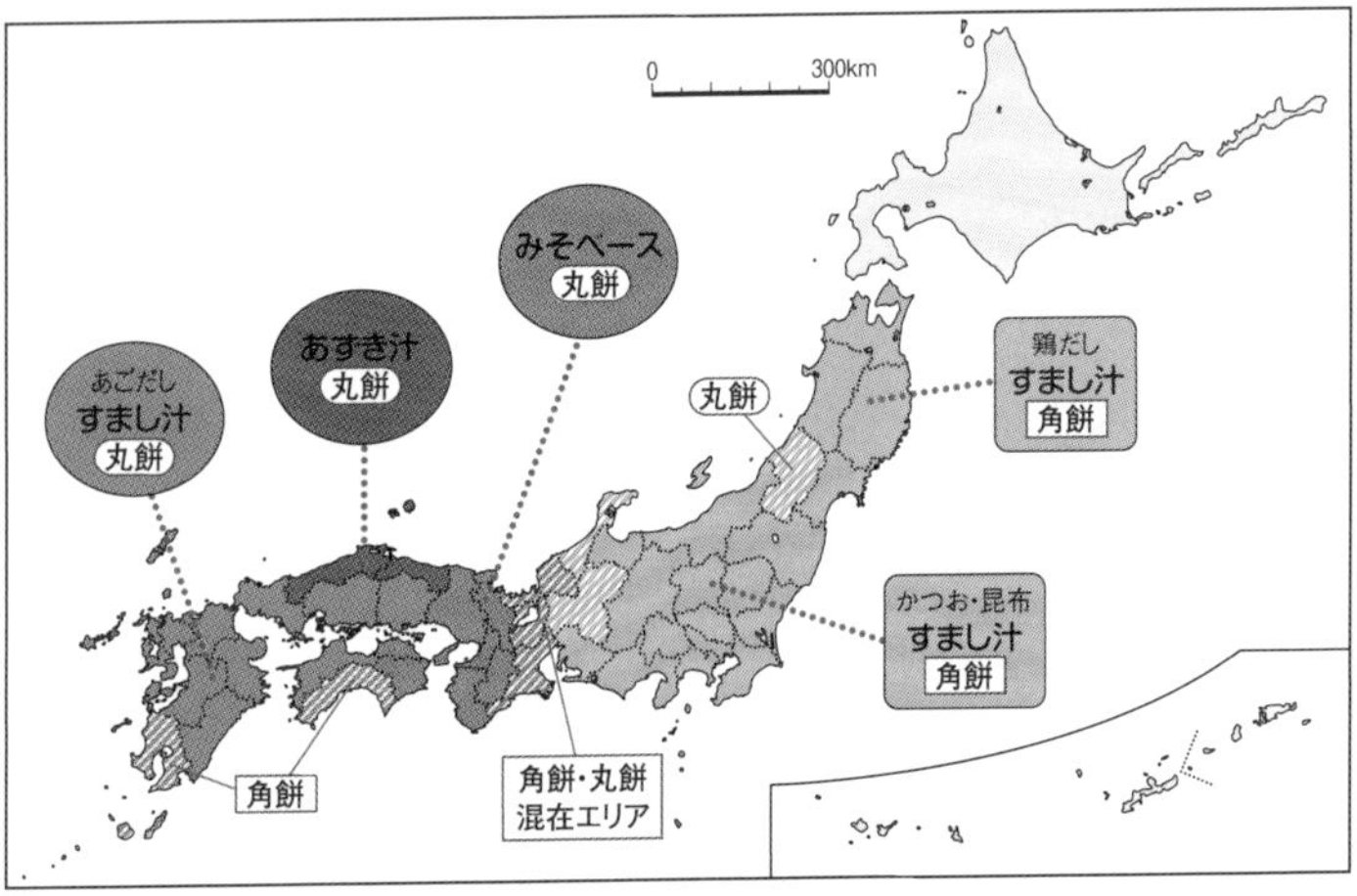

memo お雑煮には地域性がよく表れている

出所：ヤマキ株式会社HPより抜粋

けに地域性があるからに他なりません。東日本では醤油ベース、西日本では味噌ベースで作ることが多いようですが、「東日本」「西日本」という空間スケールは、やや「主語が大きい」ように思えます。これを都道府県単位にして観察してみると、具材の違いや餅の形の違いなどが見えてきます。

　つまり、「毎年お正月にお雑煮を食べる」ということが日本における普遍性で、都道府県ごとに味付けや用いる具材が違うということが地域性ということです。しかし、地域性ばかりを追いかけて、事細かく観察してしまうと、もはや地理学以外の学問の知見を借りる必要が出てくるかもしれませんし、そうなると「地理学とは何ぞや？」という疑問にぶつかるわけです。

地域性が色濃く出るといえば、言語もそうです。わが国では、学校の授業、様々な「入学試験」、日常会話はすべて日本語で行われます。これは海洋国家であるがゆえに、国境と言語境界がほぼ一致しているからこその普遍性です。しかし、地方ごとに「○○弁」といった方言が存在していることは、地域性といえるでしょう。こうした**普遍性と地域性は どちらの方が優先されるというものではなく、同時に成り立つものです**。

地理とは「地球上の理」です。お雑煮の味付けや方言といった地域性の差異について、自然と人間生活との関係性から観察していくのが地理といえます。「難波《なにわ》の葦《あし》は伊勢《いせ》の浜荻《はまおぎ》」という言葉があるように、難波では「葦」と呼ばれる植物が、伊勢では「浜荻」と呼ばれます。このように、場所によって文化は異なるものです。

さて、わが国では「民主主義」を採用していますが、これは果たしてグローバルルールといえるでしょうか？　もちろん、日本に生まれ、日本で暮らす者として私も何の疑いもなく民主主義を受け入れて生きています。しかし世界を見渡してみると、「民主主義」が存在しない国があることに気づきますし、「民主主義が絶対に正しいんだよ！」と伝えても、喧嘩になるだけです。実は民主主義とはローカルルールである、ということを理解す

ベルギーの言語分布

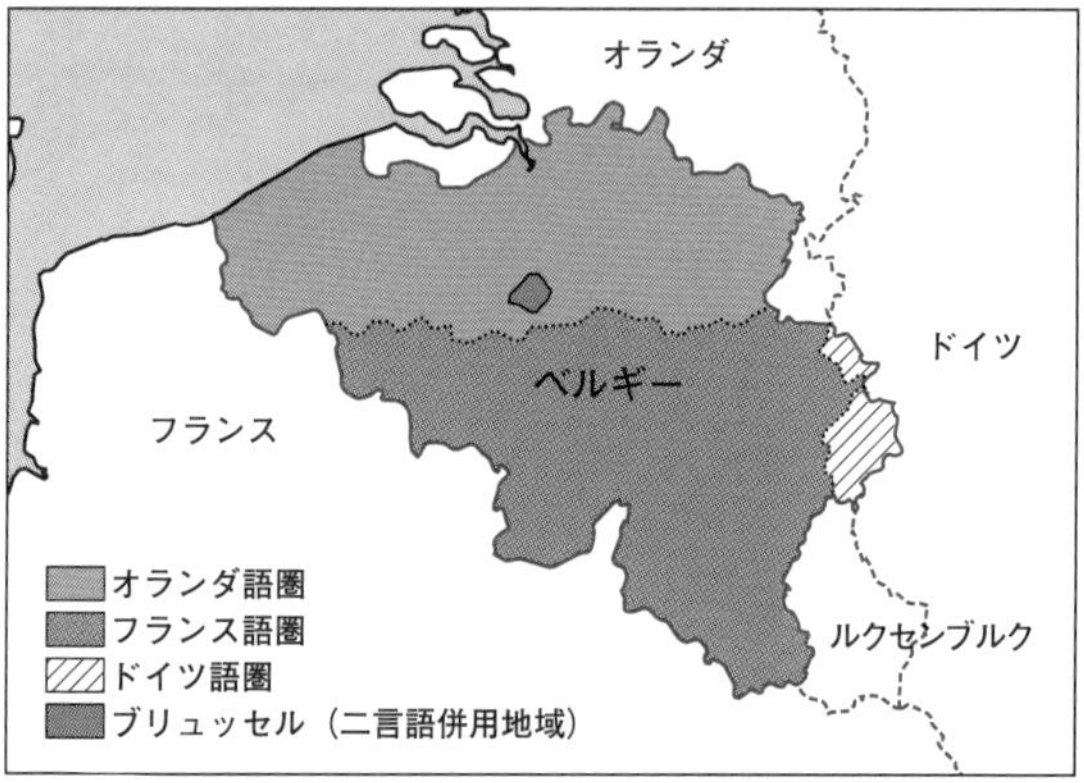

memo ベルギーは南北で公用語が異なる国

出所：著者作成

べきだと思います。

例えば「海外ではこういうのが当たり前！」といった、地域性でしかないものを、さもそこに普遍性が内在しているかのような言動は、わが国の地域性を無視したものです。昨今の日本は、「多様性が認められるべきである！」という大義名分の下に、不安要素を自ら抱え込もうとしている印象があります。普遍性と地域性、これらは二元論ではなく、同時に成り立つものなのです。

ベルギーの公用語

改めていいますが、日本は海洋国家であるがゆえに、**国境と言語境界がほぼ一致する国**です。日本人はこれを普遍性と捉えがちですが、世界の多くの国では国内に言語境界が存在します。例えばベルギーのように、国内に複数の言語圏が存在しているような国では、同じ国であるにもかかわらず地域が変われば話す言葉が変わります。

かつてベルギーは公用語の制定を巡って南北で対立した時期がありました。それは江戸言葉と京言葉のどちらを公用語にしようかといったレベルの話ではありません。北部のオランダ語はゲルマン語派、南部のフランス語はラテン語派であり、同じインド・ヨーロッパ語族に属する言語とはいえ、全く言語系統の異なる言語の対立でした。

海外で見聞きすることが普遍性なのではありませんし、日本で見聞きすることもまた同様です。**地理を理解することで、地域性の差異を知り、そして他者への理解が深まると信じています。**

まとめ

- 地理学は、地球上の理を「自然」と「人間生活」との関係性から観察していく学問であり、「普遍性」と「地域性」は同時に成り立つものである。

1-4 因果関係と相関関係

間違えやすい「因果関係」と「相関関係」

「だから、そうなるんだ！」、これは本来、因果関係が成り立っていることを示すときに使う言いまわしですが、因果関係が成り立っていなくても結構な頻度で使われます。というのも、**多くの人々が因果関係と相関関係を混同しがち**だからです。

例えば、年収1億円を稼いでいる山田くんという人物がいたとします。ここに、山田くんが東京大学卒という学歴の持ち主であるという情報が加わるだけで、途端に「やっぱり東大を出ているだけあって、1億円稼げているんだね！」という話に変わってしまいます。

しかし、「東大卒」と「年収1億円」に因果関係は存在しません。もし因果関係が存在するのであれば、例外などが全く存在せず、東大卒の人が全員年収1億円を稼いでいなければなりません。実際にそうはなっていないという現実から考えても、因果関係などないということが理解できます。あくまで、高学歴な人は高収入の傾向が見られるという相関関係でしかないのです。

2020年初頭から3年以上も続いたコロナ禍においても同様で、因果関係と相関関係を混同し、「正しく恐れる」ことができない人たちが散見されました。私は医師免許を持っているわけではありませんが、**医学こそ因果関係と相関関係の区別を求められる学問なのではないでしょうか**。

実際に、インフルエンザワクチンを打ってもインフルエンザに罹る人はいるわけで、「打ったら罹らない」という因果関係はないはずです。コロナワクチンもまた重症化を防ぐためのものだったはずですが、コロナに罹らないために打つと考える人もいたようです。そこに因果関係までは保証されていないのに、因果関係があると考えて右往左往する人が散見されました。因果関係と相関関係を見極め、「正しく恐れる」ことの重要性を改めて理解させられたコロナ禍でした。

ブドウはどこで作られる?

大学受験における地理には、誰が最初に言い出したのかは分かりませんが「地理的思考力」という言葉があります。特に、私が身を置く予備校業界でよく見聞きされる言葉です。

一方の**文部科学省は「地理的なものの見方、考え方」という表現を用いていて、「地理的思考力」という言葉を使っていません。**またこれと似たような意味合いで、「地理は暗記科目ではない！」という言説もよく見聞きします。確かに、地理を学ぶことは山や川、物産品の名前を覚えることでないのはもちろんです。しかし、**「次を理解するため」に必ず覚えなければいけないことはあるわけで、そこを一段飛ばして「思考力が重要だ！」といったところで無理があります。**「地理的思考力」という言葉が危険なのは、知識量の乏しい受験生が勝手な因果関係を作り出してしまいかねないということです。「A＝B、A＝Cだから、B＝Cで間違いない！」と思い込んでしまうわけです。

以前、私の授業の受講生から「なぜ、ブドウの生産量は中国が世界1位なのですか？」と質問を受けたことがありました。「そりゃ、世界で最も多く生産しているからでしょ？」と回答したのですが、その生徒は「大陸東岸に位置している中国でなぜこんなにもブドウの栽培が盛んなのか理解できない」というのです。

ブドウのような果物は、太陽の恵みをいっぱいに浴びて育つわけですから、「①夏季に明瞭な乾季となる地中海性気候の下での栽培が盛ん」です。そして、中国と同じ大陸東岸に位置する日本列島は、季節風（モンスーン）の影響で夏季が雨季となることからも分かるように、「②地中海性気候は大陸東岸ではなく大陸西岸に展開する気候」です。この①

と②を組み合わせることで、「③ブドウの栽培は大陸西岸で盛んである」という結論を勝手に導き出したため、大陸東岸に位置する中国がブドウの生産量で世界最大となっていることが理解できないというのです。

この考え方のどこに問題があるのかといえば、②は因果関係といえても、①は相関関係でしかないため、①と②を材料に③の結論を導き出すことに無理があることです。**因果関係と相関関係を混同してしまっていることすら気づいておらず、往々にしてこういう思考が起こりえます。** もはや思考ではなくねつ造です。よって、この質問そのものが成り立っていないわけです。

教養がある人は因果関係と相関関係を混同しない

このように、**因果関係と相関関係は全くもって別物**です。しかし、教育現場においてもこれらを混同している場面が散見されます。**本来は「因果関係が見いだせないからこそ、データを取って相関関係が存在するかどうかを探る」はずです。** しかし、受験業界においては、受講生から羨望《せんぼう》のまなざしを向けられたいのか、何でもかんでも因果関係が成り立つと喧伝《けんでん》する人がいます。存在もしないのに、さも因果関係があるかのように語ってしまう、そこには「俺が考えた最強の理論」が登場し、まだ20歳にもなっていない若者は「おー！

分かりやすい！」と、まんまと騙されます。実に見苦しく、実に罪深き理論です。

勉強法と志望校合格には因果関係などなく、やはり試行錯誤しながら、自分に最適な勉強法を見つけていかねばならないのです。しかし「最小限の努力で最大限の効果を！」と考えるのが人間の常ですから、受験生はYouTubeで流れているような勉強動画をありがたがるわけです。

何か大事を成そうとするならば、それなりの時間とお金が必要です。世の中、「人生のハック術」で溢れていますが、それらを日常に取り入れたからといって必ずしも上手く行くわけではありません。また結果が出るまでにはそれ相応の時間がかかるものです。

いつどこで役に立つか分からないような知識こそが教養といえます。最近では手っ取り早く教養を身につけようといった風潮があるようですし、そのための書籍が多く出版されています。しかし、教養とは一朝一夕に身につくものではありません。幅広い分野に関心を持ち、多様な知識や思想を吸収し、自分の頭で考えることができる能力こそが教養といえます。これを身につけるためには、日々の読書や勉強だけでなく、実際に社会や自然と触れ合い、経験を積むことも必要です。

教養がある人は、自分の専門分野だけでなく他の分野にも興味を持ちます。自分の意見だけでなく、他者の意見にも耳を傾けます。自分の知見だけでなく、他者の知見にも学びます。自分の思考だけでなく、他者の思考にも刺激を受けます。自分の価値観だけでなく、他者の価値観も尊重します。

そして何より、教養がある人は因果関係と相関関係を混同しません。一次資料にあたり、データや事実に基づいて考えますので、表面的な傾向や偶然の一致に惑わされません。根拠や理由を求めて日々探究していますので、自分の知らないことや間違っていたことを認めて修正していきます。

因果関係と相関関係を見極めることは、地理学だけでなく、社会科学や自然科学など様々な学問やビジネスにおいて重要であると考えます。因果関係と相関関係を見極めることは、教養を身につけることでもあります。そして教養を身につけることは、人生を豊かにすることでもあるのです。

まとめ

- 因果関係と相関関係を混同しない教養を身につけることは、生きていく上で重要なことである。

1-5 領土とは？ 領海とは？ 領空とは？

測る・描く・守る・伝える！

いきなり「測る・描く・守る・伝える」と言われても何のことかさっぱり理解できないと思いますが、これは国土地理院のウェブサイトのトップに書かれている文言です。

私は以前、「渋谷のラジオ」というコミュニティーFMの「渋谷の工事」という番組に出演していました（２０１８年４年〜２０２０年３月）。毎月第三金曜日のレギュラー出演でした。番組自体は２０２０年３月に惜しまれつつ終了しましたが、番組内では「みやじまんの地理授業」というコーナーを担当しており、世の中の様々な事象を地理目線で紐解いていました。そのコーナーに、国土地理院応用地理部の職員の方がゲスト出演してくださったことがあり、西之島《にしのしま》をテーマに取り上げました。

国土地理院のパンフレットには「測る・描く・守る・伝える」と書いてあります。

国土地理院のパンフレット

memo 南極での測量の様子ですが、さすが植生が全くありません！

出所：国土地理院採用パンフレット

「測る」というのは、まさしく「測量」という意味ですね。

「地理（geography）」とは、「地域を（geo）」、「描く（graphia）」というラテン語を語源としています。そのため「描く」こそが最も地理らしく、これが神髄だろうなと私は思ったわけです。しかし、収録が終わった後、楽屋で職員の方が仰いました。

「『守る』というのは、地図に残すことで、『ここは我々の領土なんだぞ！』ということを宣言し、後世の人たちのために領土を『守る』という意味があるんです」

もちろん、測量することで正しい情報を提供し、自然災害から国民と国土を「守る」という意味もあろうかと思います。しかし、後生の日本人のために「領土を守る」という意味が込められていたとは思いもしませんでした。

「この人たちは、ヒーローだ！」そう思いました。

「伝える」に関しても、「災害の語り部」というところが非常に面白いです。そもそも日本は災害大国です。**2022年度より必修化された「地理総合」では「防災」と「GIS（Geographic Information System）」を強く扱います**。「防災」の観点から考えれば、「どこで洪水被害が発生しやすいだろうか？」「地盤が弱い場所はどこだろうか？」といった情報を可視化していくことに意味がありますので、これらを地図上で簡単に表現するためのツールがＧＩＳというわけです。そのため、「防災」と「ＧＩＳ」は親和性が高く、同時に学ぶことに意味があります。

国土地理院は、２０１９年に「自然災害伝承碑」を地図記号として新設しました。これには、防災意識の向上や、防災教育の充実、災害は他人事ではなく日本列島で生活をする限り誰にでも降りかかるものであるという自覚を促す意図があるようです。これまでの高等学校における地歴科教育はどうしても歴史偏重でしたが、本来、「**地理と歴史は自動車の両輪のようなもの**」なので、どちらかが欠けることには問題があります。その意味においては、「地理総合」が新設され必修化されたことは、素直に喜ばしいことです。

西之島に上陸！

東京の小笠原諸島に西之島という島があります。西之島は小笠原諸島の一つ、父島の西方およそ130㎞に位置する島で、南北およそ650m、幅およそ200mの島です。

西之島では火山活動が続いていて、領海と排他的経済水域(EEZ：Exclusive Economic Zone)を合わせた「管轄海域《かんかつかいいき》」がおよそ50平方㎞広がったそうです。そこで国土地理院と海上保安庁が、2019年5月22日に西之島周辺の地形図と海図を2年ぶりに改訂しました。これにより、西之島の面積は0・17平方㎞増えて2・89平方㎞に拡大、標高は17m高くなり、160mとなりました。そして領海がおよそ4平方㎞、排他的経済水域はおよそ46平方㎞、それぞれ広がりました。

一時期、許可が出たこともありますが、現在の西之島には上陸が許されていません。また、自然のままであるため、西之島に桟橋《さんばし》などはありません。当然、船を接岸《せつがん》させられる港もないわけです。さらに西之島には、固有の生態系があります。外から何かしらの「種」を持ち込んではいけません。細心の注意を払って上陸しなければならないのです。そのため国土地理院の職員の方々は、近くに船を停泊させて、なんと一度海に飛び込み頭まで海に浸かってから上陸するそうです。

そうです！　生態系を変えないために、一度自分の身体を「洗う」わけです。こうした地道な測量のおかげで、我々はさまざまな情報を手にすることができます。日本列島は自然災害の多い国です。だからこそ**自分たちが暮らしている場所が「どのような場所なのか？」を知っておく必要があります**。その情報を提供してくださる国土地理院の方々は、我々を「守る」、ヒーローでもあるのです。

国境をうっかり変更してしまう⁉

2021年5月、ベルギーの農家の男性が、うっかりフランスとの国境を変更してしまったため、ベルギーの領土が拡大したと話題になりました。

ベルギー・エルクリンヌ村の歴史愛好家が国境をまたいで広がる森を散歩していたところ、国境の位置を示す標石が移動していることに気づいたそうです。距離にして2・29m。その後、地元農家の男性が、「トラクターの邪魔だったから！」とフランス側に移動させたことが明らかになったそうです。

こうして一時的にベルギーの領土が拡大し、フランスの領土が縮小したと、地元では面白がって盛り上がったそうです。実に面白いですね。まさにシェンゲン協定で移動が自由化されたEU域内ならではの話です。

わが国は島国であるがゆえに、陸続きの隣国が存在しません。そのため歩いて国境を越えるということがなく、逆にいえば他国からの侵入を水際で防ぎやすい「地の利」を持っているといえます。「日本は難民受け入れ数が少ない！」との批判がありますが、**そもそも難民がわが国へやってくることは実にハードルが高いという前提があるのです**。

「領土」というのは、「領域」の一つです。他には、「領海」や「領空」があります。「領海」は最低潮位線《さいていちょういせん》から12海里の海域を指します。海水面は「潮の満ち引き」で上下しますので、海抜０ｍとは「東京湾の平均海面」と定義されるわけです。現在は油壺験潮場《あぶらつぼけんちょうじょう》で測量しています。つまり、「最低潮位線」というのは「引き潮」のさいの海岸線ということで、これは領土が最大になるということでもあります。ちなみに、領土と領海の上空を「領空」といいます。領空は、宇宙空間は含まれません。

最低潮位線から12海里が領海となるため、大海原に島がポツンと一つあるだけで、そこから領海が発生します。もちろん、排他的経済水域も発生します。日本政府が大枚をはたいて、沖《おき》ノ《の》鳥島《とりしま》の護岸工事をするのはそのためです。

経済とは、土地と資源の奪い合いで示されます。これまで、人類は土地を奪い合うことで「国《くに》盗《と》り物語」を描いてきました。土地の変遷は人類の歴史そのものとも言えるのです。

２０２０年2月21日に、国土地理院応用地理部主催の談話会に登壇する機会を得て、職員の方々を対象に、「授業におけるＧＩＳの実践例」と題して、主に地理院地図を用いた授業の実践例を紹介しました。自分で撮ったドローン映像をお目にかけながら、今後の地理教育について一つの実践例を示すというものでした。国土地理院の隣の「地図と測量の科学館」には、様々な地図が展示してあり、非常に楽しめる場所ですので、ぜひお子様のいらっしゃるご家庭などでは、休日にでも遊びにいらしていただきたいです。「描く」ことの大切さを実感していただけると思います。

まとめ

- 「領土」とは国土、「領海」は最低潮位線から12海里の海域、「領空」とは領土と領海の上空とそれぞれ定義され、これらをまとめて「領域」という。
- 国土地理院は、測量、地図作成、地理情報の提供などを通じて、国民の安全と生活を守っている。

1-6 同じ事が続くことこそ、本来は「異常」なこと

太平洋に浮かぶツバル

2021年11月、南太平洋に浮かぶツバルという国の外務大臣が、膝まで海につかりながら、気候変動の緊急性を訴えました。スーツに身を包んだツバル外相の名はサイモン・コフェ。彼は、ツバルがいかに海面上昇による水没の危機にさらされているかを訴えたわけです。

ツバル（Tuvalu）の国名の「valu」は、「8つ（の環礁《かんしょう》）」という意味を持ち、これは伝統的に有人島が8つだったことに由来します。実際には9つの環礁を領有《りょうゆう》していますが、現在は9つ目の島も有人島になっているため、国名の意味と現実が乖離《かいり》するというなんだか面白い状態になっています。そのツバルですが、非常に海抜が低く地球温暖化の影響を強く受ける国と認識されています。ここでほとんどの人が、「海抜高度が低い→地球温暖

化による海水準変動《かいすいじゅんへんどう》→水没」という景観を考えると思います。不思議なことに誰に習ったわけでもなく、ほとんどの方がこの理屈しか持っていません。ちなみに**海水準変動とは、陸地に対する海面の相対的な高さ、つまり海水準の変化を意味する言葉です**。

ツバルは環礁（サンゴ礁がリング状に連なったもの）の上に建てられた国です。サンゴの死骸（サンゴとは「動物」）や有孔虫《ゆうこうちゅう》（海に生息している小さな原生動物）の殻などが砂として供給されるため島の形状が維持されているわけです。そのためサンゴ礁島は保水性が悪い。赤道近く（ツバルはおよそ南緯7～9度に位置）で年降水量が多いとはいえ、そのほとんどは地下に流れ出てしまいます。ツバルの平均高度がおよそ5mであるため、土地の高低差がほとんどなく、また国土が狭いため河川が存在しません。そのため水を得ようとすれば、雨水、もしくは地下水に頼らざるを得ないわけです。

人口が少ないため過剰な地下水のくみ上げをしているわけではありませんが、それでもいつか地下水は枯渇するもの。地下水が減っていけばいくほど、地盤沈下を起こしやすくなります。1960年代にわが国でも地盤沈下が相次いだのは、ひとえに地下水の過剰なくみ上げが原因でした。その後、1967年の公害対策基本法によって規制が設けられ、過剰な地下水位の低下を阻止した歴史があります。

「国が沈む」、これは海水準変動だけが原因ではありません。地盤沈下や海岸侵食、またはそれらの組合せで起こるものです。現在のツバルではほとんどが雨水を利用していること、また先述の通りそもそも人口が少ないことから、地下水のくみ上げはほとんど行われていないようです。一般的にサンゴ礁島の沈下は一年あたり0・02〜0・2㎜程度とされています。ツバルで2002年から行われている地盤高のモニタリングでは、有意な地盤沈下は認められていないようです。一方で1993〜2008年の平均潮位《ちょうい》上昇は一年あたり5・9㎜だったそうです。つまり、ツバルにおける「国が沈む」とは地盤沈下よりも海水準変動の影響が強いといえます。

そもそも「地球温暖化」自体が懸念されているのではなく、副次的に発生する海水準変動が懸念されているわけです。温暖化にともなって海水温が高まり熱膨張（海水の体積が増えること）が見られます。南極大陸やグリーンランド内陸部に存在する大陸氷河、そして高緯度地域や高標高地域の山岳氷河《さんがくひょうが》や谷氷河《たにひょうが》などが融《と》け出して海水の量が増えること、それによって海水準変動が見られることが懸念されているわけです。

海面が上昇すると、海岸侵食が見られるようになります。また温暖化は海水の蒸発量を増やして熱帯低気圧を強大化させます。低気圧は高潮を招くため、これが海岸侵食を加速させる要因にもなります。海岸侵食によって海岸線近くの木々が倒され、その根によって抑えられていた土壌流出が起こり、天然の防潮機能が失われると、さらに海岸侵食が進みます。

流出した土壌がサンゴに覆《おお》い被《かぶ》さると、光合成ができなくなってしまいます。こうしてサンゴの生存が危うくなれば、島の砂の供給源が失われることになり、砂の供給量が減少した島はやっぱり水没してしまいます。このように、海水準変動は複数の要因で発生することを理解しておくべきだと思います。ツバルなどの太平洋の島国には、その国固有の要因があるかもしれない、という意識です。空間スケールが変われば、見えてくる世界が異なりますし、各国の地域性を捉えることの意味が理解できます。

そして**自然環境というのは、同じ事が続くことこそが本来は「異常」なことであるという認識も大事です**。たえず移ろいゆくわけですから、今自分たちが見ている自然環境が今後も続くと信じる、また変化することに対応しないという考え方は捨てる必要があります。

エルニーニョとラニーニャ

エルニーニョとは、数年に一度の割合で太平洋の赤道周辺の海域が東側と西側で連動して、何らかの異常な気候変動を起こす現象です。実はエルニーニョの発生のメカニズムははっきりしていません。エルニーニョが発生しているとき、何らかの影響で貿易風（地球の自転の影響で、低緯度地域を吹く東寄りの風）が弱まり、赤道付近で温められた海水が

エルニーニョ現象とは

【平常時】

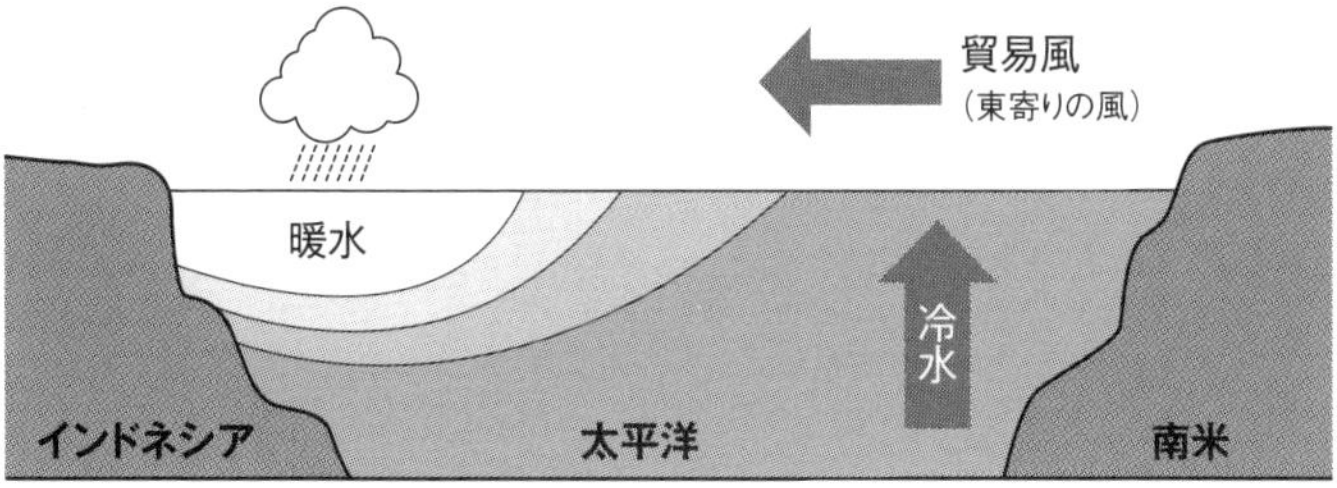

【エルニーニョ発生時】

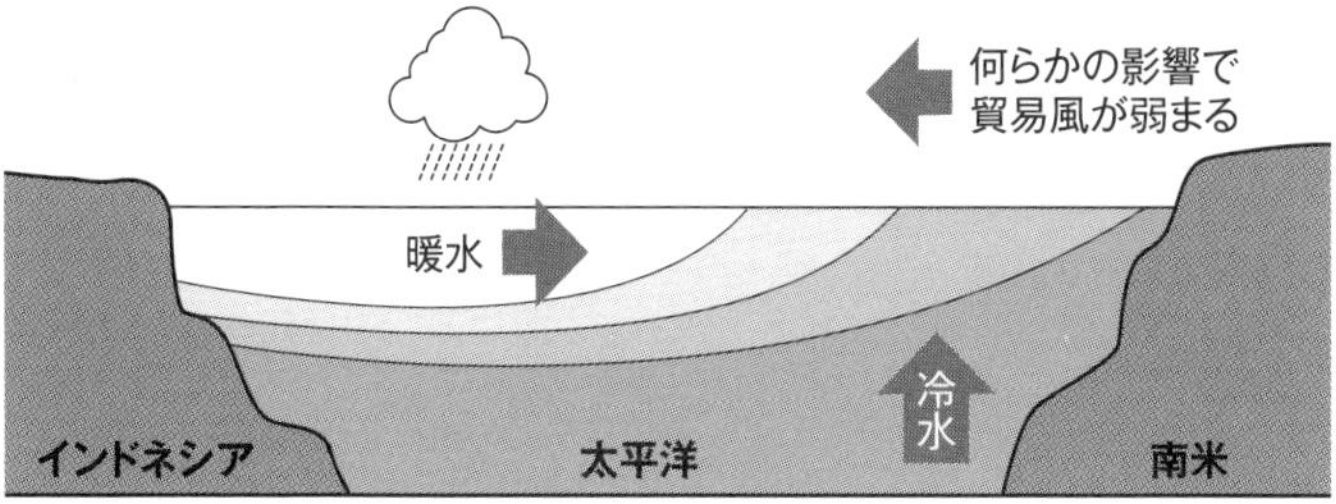

memo 太平洋東部の海域で海水温が数℃上昇して、それが一年程度続く

出所：気象庁

流れにくくなるため、太平洋東部の海域では海水温が数℃上昇します。

　エルニーニョが発生すると、太平洋東部の地域では上昇気流が発生しやすくなります。これによって、例年よりも降水量が多くなります。逆に東南アジアからオーストラリア北部にかけては下降気流が強くなり、高温乾燥となります。そのためエルニーニョが発生すると東南アジアなどでは干ばつや森林火災などが多発します。エルニーニョは日本列島周辺にも影響を及ぼします。夏に太平洋高気圧の勢力が弱まってしまい、日本では梅雨明けが遅れたり、冷夏となったりすることがあります。このように**エルニーニョ発生による影響は、空間的スケールも時間的スケールも非常に大きいのです**。

一方のラニーニャとは、南アメリカ大陸近海の赤道付近において、数年に一度の割合で海水温が低下する現象です。このため、エルニーニョとは逆に東南アジアからオーストラリア北部において例年よりも降水量が多くなります。相対的に日本では太平洋高気圧の勢力が強まり、またそれによって偏西風の進路が北側に移動して湿った空気が流れ込みにくくなります。そのため、猛暑となることがあります。ラニーニャが発生して猛暑となると、エアコンや扇風機、アルコール類などの売上額が増えますが、一方で秋物の買い替え需要が喚起《かんき》されないためアパレル業界は売上額を落としてしまいます。

エルニーニョやラニーニャは地球の自然現象であり、予測することは不可能に近いといえます。しかしこれらの現象がもたらす影響を知ることはとても重要なことです。そのように考えれば、同じ事が続くことこそ、本来「異常」なことであると理解できます。日本列島に上陸する台風が毎年10個、それが10年連続も続いたら、**そちらの方が異常であると考えるのが正解のはずです**。

自然現象だけでなく、人間社会も同様です。世の中は常に先行き不透明です。未来のことは未来でしか分かりません。ＳＮＳなどでは、頼んでもいないのに勝手に未来予測をする人がいますが、そういう「予言者」の多くが匿名ですので、そういう人を見ると「きっと願望を発信しているんだろうな」と思うわけです。

同じ事が続くことこそ、本来「異常」なことですから、古い認識のままで世の中を眺めるのではなく、常に頭の中をアップデートしていくことが求められるわけです。

まとめ

●同じ事が続くことこそ、本来「異常」なことなので、変化に対応していくことの重要性を知る。

1-7 自然環境が人間生活に与える影響

なぜ河川の両岸に同じ地名が存在するのか？

江戸時代に大田南畝（おおた・なんぽ、1749〜1823）という御家人《ごけにん》がいました。南畝は、60歳の時に『調布日記』という紀行文を著しています。これには、それまでの76年間で21回も大洪水に見舞われた、多摩川周辺の様子が克明に記録されており、当時の様子を伝える貴重な資料となっています。

河川に沿って両岸に同じ地名が見られることがあります。例えば、多摩川の両岸には「野毛」「等々力」「布田」「瀬田」など、同じ地名が散見されます。現在の多摩川の流路《りゅうろ》が東京都と神奈川県の境界となっていることもあって、例えば「等々力」であれば、東京都世田谷区等々力、神奈川県川崎市中原区等々力がそれぞれ地名として存在します。ではなぜこのような状況となっているのかといえば、かつての多摩川の流路を探る必要がありま

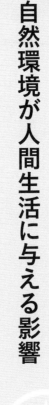

多摩川沿いの地形と地形分類

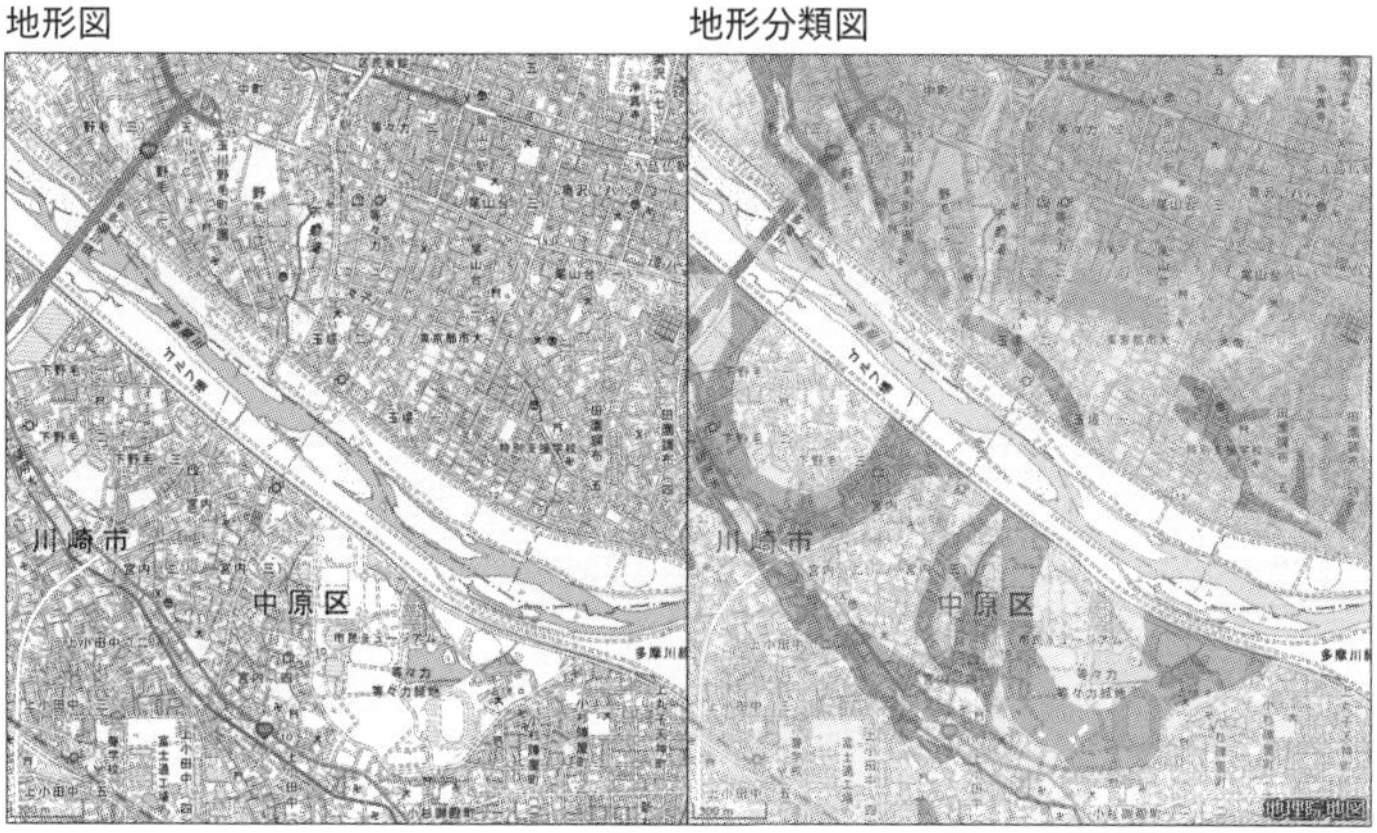

memo かつての多摩川は大きく蛇行していたことが分かる

出所：地理院地図

す。

　現在でこそ、多摩川の両岸は護岸《ごがん》工事がなされ流路が固定されていますが、護岸工事がなされる以前は、自然に出来た高低差、地盤の硬軟などによって河川は赴《おもむ》くままに蛇行していました。蛇行していたからこそ、大雨のさいには流量が増して、屈曲《くっきょく》部では河川の氾濫が見られました。これが76年間で21回の大洪水に見舞われた背景でもありました。

　地理院地図では、「地形分類（自然地形）」の項目を表示させると、かつての流路だけでなく、どのような地形が広がっているのかを可視化することができます。図は通常の地形図と地形分類図を並べたものです。地形分類図を見れば、「中原区」と書かれたあたりで、多摩川が南側に大きく蛇行していたことが分かります。蛇行していた時代に、河川の左岸（多摩川の北側）に「等々力」集落があり、これが河川の護岸工事によって、北側と南側に分断されました。つまり、元々は同じ集落だったということです。

なぜ河川から離れたところに集落が列状に並ぶのか？

蛇行する河川は、大雨のさいに流量が増して屈曲部で河川の氾濫が起きやすくなります。氾濫によって、水だけでなく上流から運ばれてきた土砂もはみ出し、それが長い年月をかけて堆積されていくと、数メートルの微高地《びこうち》が形成されます。これを自然堤防《しぜんていぼう》といいます。低湿地（周辺よりも低い湿地）では河川の氾濫に備えて、微高地を選好して家屋が立てられる傾向がありました。集落が成立するには、水利に恵まれること、安全性が高いことが求められるものです。自然堤防は河川に沿って形成されるため、そこに並ぶ家屋は列状になりがちです。これを列村《れっそん》と呼びます。

しかし、こうした河川の氾濫が起きやすい環境下では、なるべく河川を直線化して河川水が短時間で海まで流れるように護岸工事が行われます。護岸工事が行われると、河川の氾濫が起きにくくなるわけですから、新流路に沿って自然堤防は形成されません。旧流路

阿賀野川沿いの地形と地形分類

地形図　　地形分類図

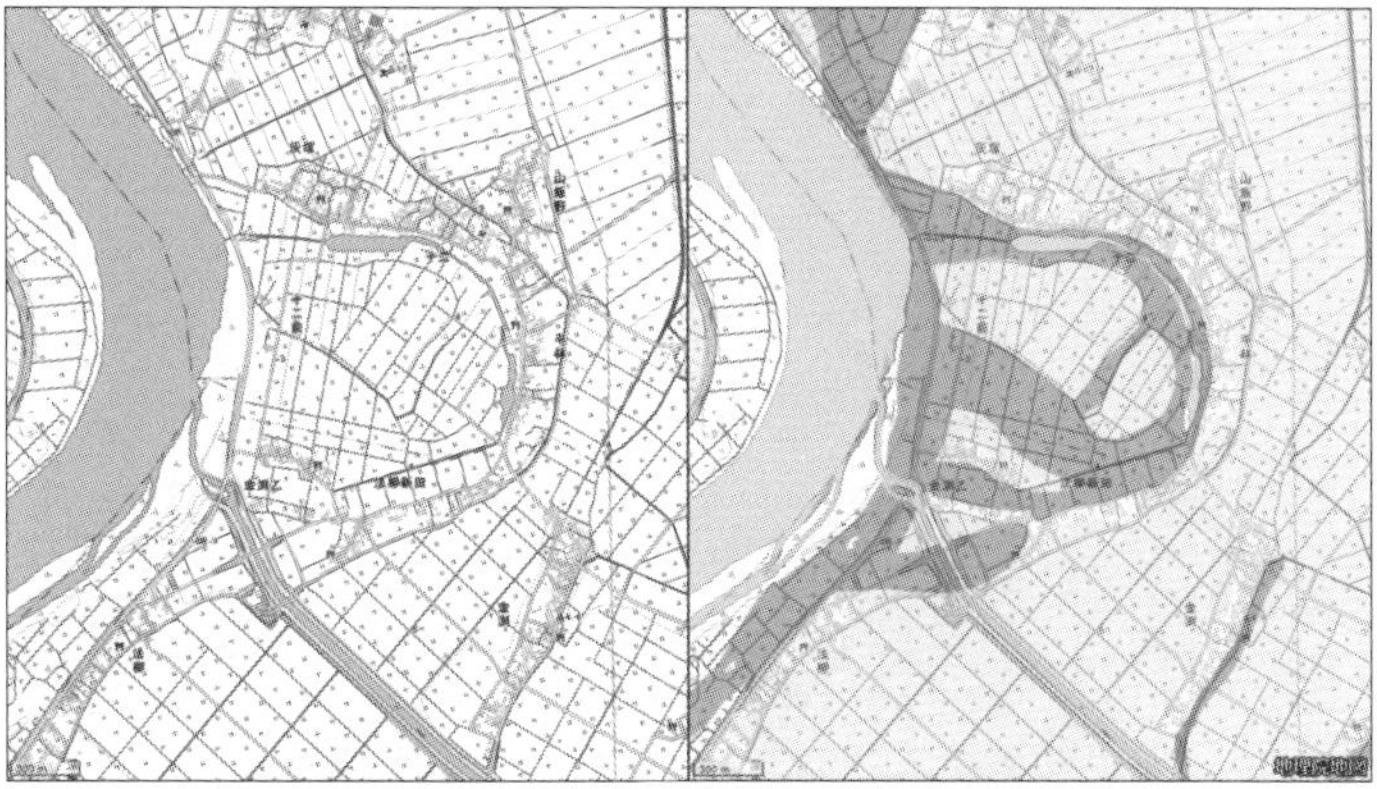

memo 旧流路に沿った自然堤防上に家屋が並ぶ

出所：地理院地図

に沿って形成された自然堤防上の家屋はそのままですので、河川から離れたところに集落が存在するという不思議な状況となるわけです。自然堤防が旧流路に沿って形成されていたことがよく分かります。**こうした情報は防災教育において重要なことであり、それを可視化できるＧＩＳ（地理情報システム）の活用は必須といえます**。

　図は新潟市を流れる阿賀野《あがの》川沿いの一部を表したもので、先ほどと同様に地形図と地形分類図を並べました。「新潟」とはその名の通り、元々は「潟(lagoon)」でした。そこに信濃川と阿賀野川が流れ込み、両河川が運搬してきた土砂が堆積して平野を作りました。

こうして形成されたのが越後平野です。そのため、越後平野は海抜ゼロメートル地帯が広がり地盤が弱く、ひとたび地震が発生すると揺れが増幅されやすい地形といえます。2004年10月23日に発生した新潟県中越地震のさい、最大震度7を記録しました。最大震度7は、当時としては1995年の兵庫県南部地震以来、観測史上2度目のことでした。

安易に環境決定論に持ち込まない

自然環境が人間生活に与える影響はこれだけに限りませんが、我々の行動要因の一つとなります。しかし、**安易に環境決定論で語ることは大変危険**であるといえます。

環境決定論は古くから色々な人々が提唱してきたことですが、科学的根拠に欠けていることが多く、時に為政者《いせいしゃ》たちの戦略を正当化するために利用されてきました。環境決定論の問題点は、**自然環境が人間に与える影響を過大評価し、人の自由意志や創造性、文化的多様性を無視してしまうことです**。確かに自然環境は人間生活に制約や可能性を与えますが、それだけでは人間生活や社会を説明することはできません。人間は自然環境に受動的に規定されるだけでなく、能動的に変化させ、そこに意味を持たせ、そして共有してきました。だからこそ、同じ自然環境下でも地域が変わればそこに地域性が存在するわけです。普遍性と地域性ですね。

環境決定論は一見説得力があるように見えますが、それは単純化や偏見に基づいている危険性があり、現代世界の複雑性や多様性を無視している可能性があります。最近、**巷で流行の「地政学」も単なる環境決定論でしかありません**。複雑な問題を一つ一つの事実の積み重ねによって観察するのではなく、単純化して考えようという、ある意味で怠慢な姿勢が見てとれます。自然環境と人間との関係を考察することは大変重要なことではありますが、安易に環境決定論のみに持ち込まないことが必要です。

まとめ

- 人間生活や社会が自然環境に影響を受けて形成されている側面も重要ではあるが、それればかりを強調すると、複雑性や多様性を無視してしまう可能性がある。
- 安易に環境決定論のみに持ち込まないことが重要。

1-8 地理学における「景観」とは？

景観とは、様々な要素で構成された一つの「物語」

「景観《けいかん》」とは、一般には「風景」「眺め」と解釈されますが、地理学においてはもっと広い意味を持ちます。そもそも、**地理学は、地球上の自然環境と人間の活動を総合的に研究する学問**ですので、「景観」という概念を用いて、地表に現れた自然環境と人間生活との関係性を分析し、その特徴や変化を理解しようとします。景観の構成要素には、地形や気候、植生、土壌、水文《すいもん》、そして人間活動などがあります。

地理学における「景観」とは、自然環境と人間活動の要素が相互作用して形成された空間認識のことであり、相互に影響し合いながら景観を形成し、時間の経過とともに変化していきます。景観は、私たちの周囲に広がる多様な空間です。これら景観を構成する要素を一つ一つ積み重ね、総合的に空間を観察することが重要です。

ニュージーランドの景観

ニュージーランドを例にとって、「景観」について考えてみましょう。ニュージーランドはオーストラリアの南東側に位置し、北島と南島の2つの主島と周辺の小さい島からなる島しょ国です。北島の南部を南緯40度が通過しており、偏西風帯に位置します。この西から吹く偏西風の影響で、風上側となる西部では降水量が多くなります。

次ページの図からも分かるように、南島にはサザンアルプス山脈が縦走しています。図中に示された「A―B」の断面図を見てください。海上を通過し水分をたっぷり含んだ偏西風が山脈に吹きつけると、山地斜面を上昇していきます。このとき飽和水蒸気量が減じて、含みきれなくなった水分が降水となります。そして、山脈の東側は風下側となって乾いた空気が吹き下ろします。つまり、ニュージーランドの南島は西部で雨が多く、東部で雨が少なくなります。これが植生分布に大きな影響を与え、西部には常緑広葉樹や針葉樹の混合林が広がる森林地帯、東部は草原や低木が主体のカンタベリー平野がそれぞれ広がります。要するにフェーン現象が起きているわけですね。

西部の森林地帯では林業が盛んです。ここで伐採された樹木は木材となって、世界市場へと輸出されます。実はニュージーランドは人口数が500万程度と少ないこともあって、

ニュージーランドの自然環境と農業分布

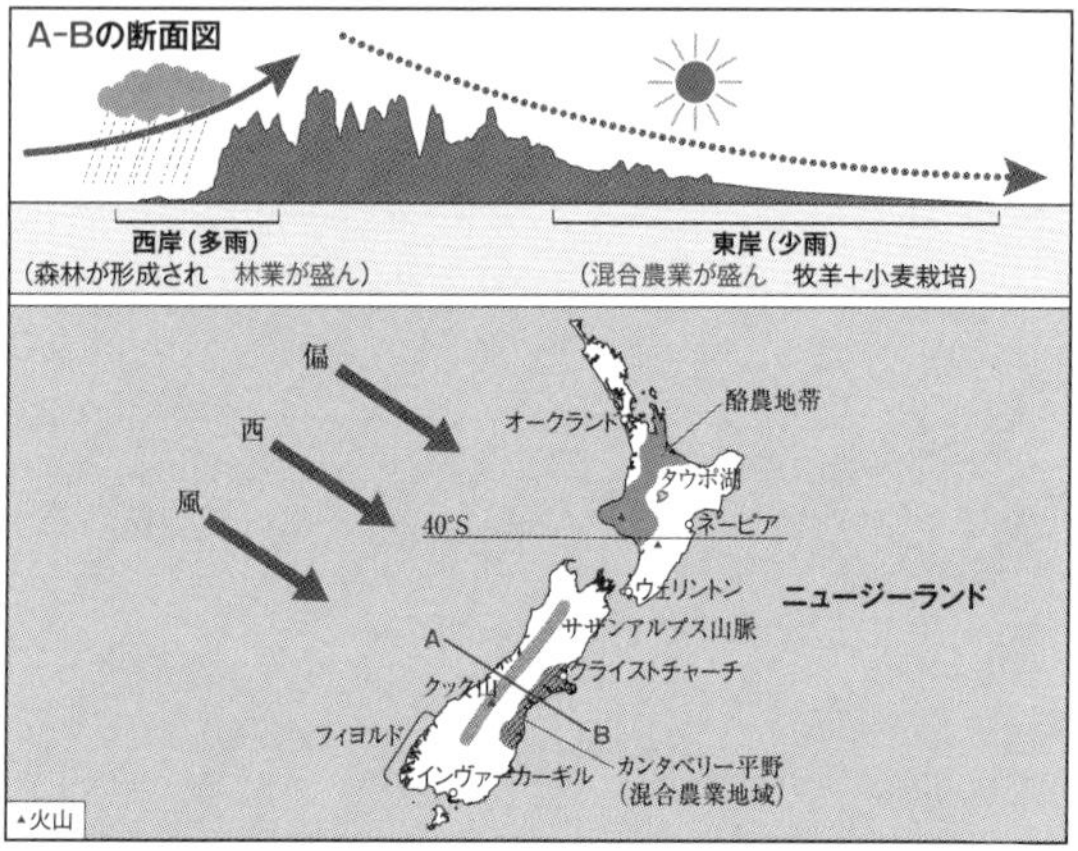

memo 南島西部が風上側となって多雨となる

出所：著者作成

国内需要が小さい国です。そのため、木材は国内でも消費しますが、その多くが輸出に回されるわけです。よって**「木材」はニュージーランドの主要輸出品目**となっています。そして、この豊富な木材を目当てに日本の王子製紙がニュージーランドに工場を建設しました。北島東岸のホークス湾に臨む「ネーピア」という街です。この街の名前から「ネピア」という商品が誕生しました。カンタベリー平野では雨の少ない半乾燥気候を背景に、羊の飼育が盛んに行われています。そして羊肉、羊毛の生産はニュージーランドの主産業の一つでもあります。

また、北島では平坦な土地を利用し

た酪農が営まれています。ニュージーランドは、ケッペンの気候区分でいうところの西岸《せいがん》海洋性気候《かいようせいきこう》（Cfb）が展開し、永年牧草に恵まれます。冗談めかして言いますが、つまりほっといていても国土から乳牛の飼料が手に入るということです。また、西岸海洋性気候は最暖月《さいだんげつ》平均気温が22℃を超えない気候であり、首位都市のオークランドの最暖月平均気温がおよそ20℃です。この夏季に冷涼な気候を活かして、酪農が営まれています。そして、やはり国内需要が小さいこともあって、**「乳製品」はニュージーランドの主要輸出品目**となっています。

自然と共存するニュージーランド

ニュージーランドは環太平洋造山帯《かんたいへいようぞうざんたい》下で火山が存在する国ですので、地熱発電が盛んです。さらに豊富な水資源を利用した水力発電も行われています。人口数がおよそ500万と少なく電力需要が小さいため、火力発電や原子力発電などを行うまでもなく、再生可能エネルギーで十分に賄えています。そして安価な電力を背景に、アルミニウム工業が盛んです。アルミニウムは酸化アルミニウム（アルミナ）を電気分解して生産します。大量の電力を必要とするため、安価な電力が必要なのです。ノルウェーやアイスランドなどが好例で、安価な電力が得られる国ではアルミニウム生産が盛んです。これは「普遍性」です。

そして、ニュージーランドでは水力発電や地熱発電などを利用した電力を用いてアルミニウム工業が発達しています。これがニュージーランドの「地域性」ですね。

ニュージーランドという国を理解するためには**人間の活動や文化も重要な要素です**。例えば、ニュージーランドの先住民であるマオリ族は、自然と調和する生活を営んできました。彼らは自然を神聖視し、山や川や森に霊的な意味を与えました。彼らの伝統的な芸術や建築や舞踊も、自然からインスピレーションを得たものです。地熱発電を行うさいも、先住民マオリが住む神聖な区域を開発しましたが、これも彼らの権利を認めた上で政府は開発可能区域を設定して共同事業として行いました。

また、ニュージーランドはイギリスの植民地として発展してきました。イギリス人は自分たちの文化や制度を持ち込み、ニュージーランドにも影響を与えました。例えば、ニュージーランドの首都はウェリントンですが、これはイギリスの元首相であるウェリントン公爵にちなんで名付けられたものです。また、ニュージーランドではイギリス式の教育制度や法律制度が採用されています。さらに、ニュージーランドは多文化社会でもあります。マオリとイギリス系移民だけでなく、アジアや太平洋諸島からも多くの人々が移住してきました。彼らはそれぞれの文化や言語を持ち寄り、ニュージーランドの社会に新しい色彩を加えています。

こうした社会的要素も含めて、ニュージーランドの景観を読み解くことができます。**地理学は、自然と人間とが織りなす地球上のさまざまな景観を総合的に探求する学問です。**景観を見るときには、目に見えるものだけでなく、目に見えないものも想像してみることが大切なのではないでしょうか。

今お話したニュージーランドの景観については、「これが絶対正しい！」というものではありません。あくまで、「私の頭の中で体系づけられたもの」でしかありません。もっと小さい空間スケールで展開する地域性を取り上げれば、さらに別の景観が見えてくるはずです。それは、観察する人の知的背景によるところが大きいといえます。地理学的手法をもってして興味のある地域を観察してみてください。読者のみなさんの「オリジナルの景観」が見えてくるはずです。**これこそが、地理学の面白さといえます。**

まとめ

- 「景観」とは、様々な要素で構成された「物語」であり、それは見る人の知的背景によって作り出されるものである。
- この「景観」を捉えていくことこそが地理学の面白さといえる。

第2章

地理学的視点で「国際情勢」を読む

2-1 なぜイギリスはブレグジットを目指したのか？

EU離脱とテイクバックコントロール

今から遡ること2016年6月23日、イギリスは国民投票の結果によってEU（欧州連合）からの離脱（ブレグジット）を決めました。投票結果は離脱支持が51・9％、離脱反対が48・1％と僅差でした。この国民投票の実施が決まったのは、さらに遡ること2013年。当時のイギリスは、2007年から始まった世界金融危機、2010年の欧州ソブリン危機などによって経済不況に陥っていました。

そんな中、2012年から2016年頃にかけて、EU域内からイギリスへの移民が増え続けており、逆にイギリスを

ポイント

- イギリスはECの原加盟国ではなく、1967年の発足から遅れること6年後に加盟した
- 近年、イギリスでは移民数が純増傾向にあった
- イギリスは、EUから離脱することで「テイクバックコントロール」を実現したかった

出ていった移民を差し引いても、20万人程度の純増でした。移民とはいえ、イギリス国民と同等の行政サービスを受けることができるため、移民の増加で行政サービスの供給不足が生じていました。もちろん、移民も納税するのですが、イギリス国民からすると、「ちょっと最近、移民が増えて生活がやや不便になってない？」との懸念を抱いていたわけです。

こうした想いから、ついに「テイクバックコントロール」、つまり**「自分たちでコントロールする権限を取り戻そうぜ！」という考え方がイギリス国民の間で広まっていきました。**

経済的利益が欲しいイギリス

そして2016年、国民投票が実施されました。「EU残留」を希望したのは主に、首都ロンドンとスコットランド、北アイルランドの人たちでした。**産業が発達し、経済的にも豊かな地域では「EU残留」を希望する人が多かったといいます。**

都市部では就業機会が多く、技術を使って稼ぐ仕事、時間を使って稼ぐ仕事など様々です。イギリス国民は単純労働に従事したがらず、主に移民がこれを担っていました。だからこそ、都市部では「やっぱり移民は必要だよね」という意識が強かったといえます。しかし、文化の多様性がそれほどない地方都市では「ムラ社会」が形成されやすく排他的な考えになりやすいもので、「イギリスらしさが失われる……」と危惧して、ＥＵからの離脱を叫ぶ国民が多かったといいます。

イギリスがＥＵを離脱する大きな理由の一つに「貿易問題」がありました。ＥＵ加盟国は、ＦＴＡ（自由貿易協定）やＥＰＡ（経済連携協定）の締結を独自に行うことができず、ＥＵが交渉することになっており、交渉には加盟国の意見を反映させようとするため、意思の決定が遅くなります。また、加盟国ごとに貿易の指向性は異なります。イギリスにはイギリスの得意な産業があり、これらを活かすためのルール作りをしたいわけですが、それが叶わないのです。

そもそもＥＵの前身であるＥＣ（ヨーロッパ共同体）は、ＥＣＳＣ（ヨーロッパ石炭鉄鋼共同体）、ＥＥＣ（ヨーロッパ経済共同体）、ＥＵＲＡＴＯＭ《ユーラトム》（ヨーロッパ原子力共同体）が統合して結成されたものです。中でもＥＣＳＣは先の大戦のきっかけとなった「資源産地の奪い合い」を反省し、石炭と鉄鋼の共同市場を作り出すことで「紛争の火種」を取り除くことから出発しました。

しかしイギリスは島しょ国であり、ドイツやフランスと違って資源産地を巡って戦争をしたわけではなく、ＥＣＳＣには加盟していませんでした。そしてＥＣ加盟が１９６７年の発足から遅れること6年の1973年だったことからも、大陸ヨーロッパとは距離を置いていたといえます。また、EU加盟国でありながら、中央銀行を置き、「ユーロ」ではなく「ポンド」を使用していました。さらにEU域内では国境での入国審査をせずに別の国へ入国することができますが、イギリスへの入国はイギリス独自の入国管理を行っていたほどです。

ECが1993年にEUへと発展すると、その後も加盟国は増加し、ついには2004年に東欧諸国が加盟しました。2004年加盟国にはかつて社会主義を掲げていた国が多く、既存の加盟国とは経済の仕組みが異なる国々でした。そんな東欧諸国の加盟によって、**彼らとEUのルールを共有することとなり、またEUを運営するための負担金が増大しました**。イギリスは年間1兆円ほどの予算を出していましたが、国民にとってはイギリスのために使われているという意識は薄かったかもしれません。

なぜイギリスは国民投票を行ったのか?

イギリスが国民投票の実施を決めた時の首相は、デービッド・キャメロン（保守党）でした。保守党は元々EUに対して懐疑的な考えを持つ政治家の多い政党です。そこでキャメロンは、党内の意見をまとめ、政権運営を盤石にするために一種の「ガス抜き」を図って、国民投票の実施を決めました。

実はイギリスはECに加盟して間もない1975年にも、EC離脱の是非を問う国民投票を実施しています。このときは離脱反対が離脱賛成を上回っていましたので、「同様に国民投票にかければEU離脱反対派が勝つだろう」と高をくくっていたといえます。

しかし蓋を開けてみると、離脱賛成が離脱反対を上回ってしまいます。この投票結果の責任を取ってキャメロン首相は辞任、後任としてテリーザ・メイが首相となりました。メイ首相は、本来はEU離脱反対の考えを持っていたといわれています。しかし、法的拘束力がないにせよ、国民投票で示された民意を重視して、「離脱後のEUとの関係」について方向性を示すべく、議会を説得します。

「テイクバックコントロール」が離脱の動機であるため、イギリスは特に移民については鼻息が荒いわけです。しかし、「ヒト・モノ・カネ・サービスの移動が自由」なEU域内において、「ヒトの移動の自由」を手放すということは、「モノ・カネ・サービスの移動の自由」も手放すことであり、**「移民の制限」はEU単一市場からの離脱を意味します**。

しかしイギリスは北アイルランドを領有しており、これが大きな焦点となりました。それは、イギリス領北アイルランドがアイルランドと陸続きだからです。こうした地理的条件は人間の手で変えることのできないものであり、地域研究のさいには重要な要素となります。

アイルランドはかつてイギリスの支配を受けていた歴史があります。そのため北アイルランドでは長らく宗教対立が続いていました。その後、和平が結ばれるさいに、北アイルランドとアイルランドとの国境移動の自由が保障されて現在にいたります。そのため、イギリスがＥＵを離脱すると「国境移動の自由」がなくなってしまうわけです。もちろん、ここを移動する物品に関しては関税がかけられることになりますので、商売のあり方が大きく変わってしまいます。

メイ首相は政治基盤を強化するために解散総選挙に踏み切りましたが、与党が過半数を割り込んでしまいました。そこで「他に良い解決策を探りながら、当面の間はＥＵとの協調体制を維持しておこう」という方針を掲げ、「離脱協定案」を作成します。２０１９年1月、これをイギリス議会に諮りますが、なんと採決が否決されてしまいます。その後、協定案の修正を重ねますが、合計3回の採決はすべて否決されました。こうしてメイ首相は無念の涙を流し、首相を辞任しました。

ちなみに**メイ首相は、かつて地理学を修めた地理学プロパーでもある人でした**。

ボリス・ジョンソン登場

後任の座に就いたのは、ボリス・ジョンソンでした。ちなみにジョンソン首相は、キャメロン元首相の大学の同級生にあたり、旧知の仲でもありました。

ジョンソン首相は就任直後の2019年9月3日、再開したイギリス議会を即座に閉会し、離脱反対の声を抑え込もうとしますが、そこは議会制民主主義が誕生した国、議会に対する誇りから議員たちの反発を招きました。

そして議会は「離脱期限を2020年1月末まで延期するようEUに要請すべし！」という法律を作って、ジョンソン首相に突きつけますが、ジョンソン首相は2019年10月末までにEUから離脱すると公約しているためこれを受け入れず、解散総選挙に打って出ようとします。しかし、イギリスで解散総選挙を行うには議員の3分の2以上の賛成が必要であり、解散総選挙の提案は否決されてしまいました。その後も2度にわたって解散総選挙を提案しますが、いずれも賛成が3分の2に届かず否決されてしまいます。

さらには**議会を閉会したことに対して市民が訴えを起こし、それに対して最高裁判所が「議会の閉会は違法」であるとの判決を下します**。

9月25日に議会が再開されると、ジョンソン首相は新しい提案をします。「イギリスは

ＥＵの関税同盟から離脱。北アイルランドには特別な規定を設けてアイルランドとの取引継続を可能にする。これに関しては4年ごとに北アイルランドの了解をその都度得る」というものでした。この案に対してＥＵは全会一致で承認しますが、イギリス議会が離脱合意案の採決を保留するという動議を提出し、なんとこれが可決されてしまいます。

そこでジョンソン首相はＥＵに対して、離脱期限を２０１９年10月末から、最長で２０２０年1月末へ延期することを申し出ると、ＥＵはこれを了承し、ジョンソン首相は特例法案を提出して、解散総選挙の実施を決めます。3分の2の賛成を必要とする根拠は２０１１年議会任期固定法ですが、法案であるため過半数の賛成が得られれば良いという解釈でした。こうして11月6日に議会は解散、２０１９年12月に解散総選挙を実施するとこれに勝利し、ついにイギリスのＥＵ離脱が決定しました。さらに２０２０年6月には離脱への移行期間の延長はしない旨を表明しました。

イギリス国内では、賃金水準の低い東欧諸国からの移民が増えたことで、イギリス国民の雇用機会が減少するのではないかという懸念がありました。移民の受け入れは、ＥＵに加盟している以上拒否できません。そして、**異なる文化を持った移民や難民に対する税負担、文化的衝突の不安、それによる治安の悪化など、イギリス国民の感情が露わになったのがブレグジットの表明だったといえます**。移民を受け入れて多民族国家を形成すればするほど、社会的コストは高まっていきます。

すったもんだの末、２０２０年12月31日23時、イギリスはＥＵと合意した自由貿易協定を発効させる法案を承認しました。賛成５２１、反対73の圧倒的多数でした。これによってイギリスのＥＵ離脱が完了し、ＥＵの単一市場と関税同盟を抜けることとなりました。そして数時間後、ジョンソン首相は「私たちは自由を手にした。それを最大限に活用するのは、自分たち次第だ」と、新年の挨拶を述べました。

しかし離脱から3年、イギリスの経済指標は低迷し、ＥＵ離脱を後悔する声が大きくなりつつあるといわれています。イギリスは、「ブレグジットで自由と繁栄を得た」と自賛し、特に環境やハイテクといった分野での投資を呼び込もうとしていますが、多くのエコノミストたちは大きな損失をもたらしたと指摘しているようです。

まとめ

- イギリスがEUを離脱した理由は、移民問題やEUへの財政負担の不満などにより、国民投票で離脱賛成派が僅差で勝利したから。
- 離脱後のイギリスは、EUの単一市場と関税同盟から離脱し、自国で貿易や関税を決めることになり、今後の動向が注目されている。

2-2 なぜオーストラリアはインドネシアを「楯」にするのか？

オーストラリアとインドネシアの地理的位置

２０２２年10月19日、オーストラリア国防相が次の声明を出しました。

「インドネシアが豪国の最重要パートナーの一つであることは間違いなく、今後も合同演習の実施、軍事訓練の提供、そしてインドネシアへ軍備を輸出する」

これまで、多くの対立を抱えてきた豪国とインドネシアですが、近年では両国の関係性は強固なものへとなりつつあります。本節では、両国のこれまでの対立の経緯と、関

ポイント

- オーストラリアとインドネシアは地理的位置が近い隣国
- かつて、東ティモールの独立をオーストラリアが支援した
- ロンボク条約により、オーストラリアは西パプアに対するインドネシアの主権を支持している

東南アジア島しょ部とオーストラリア

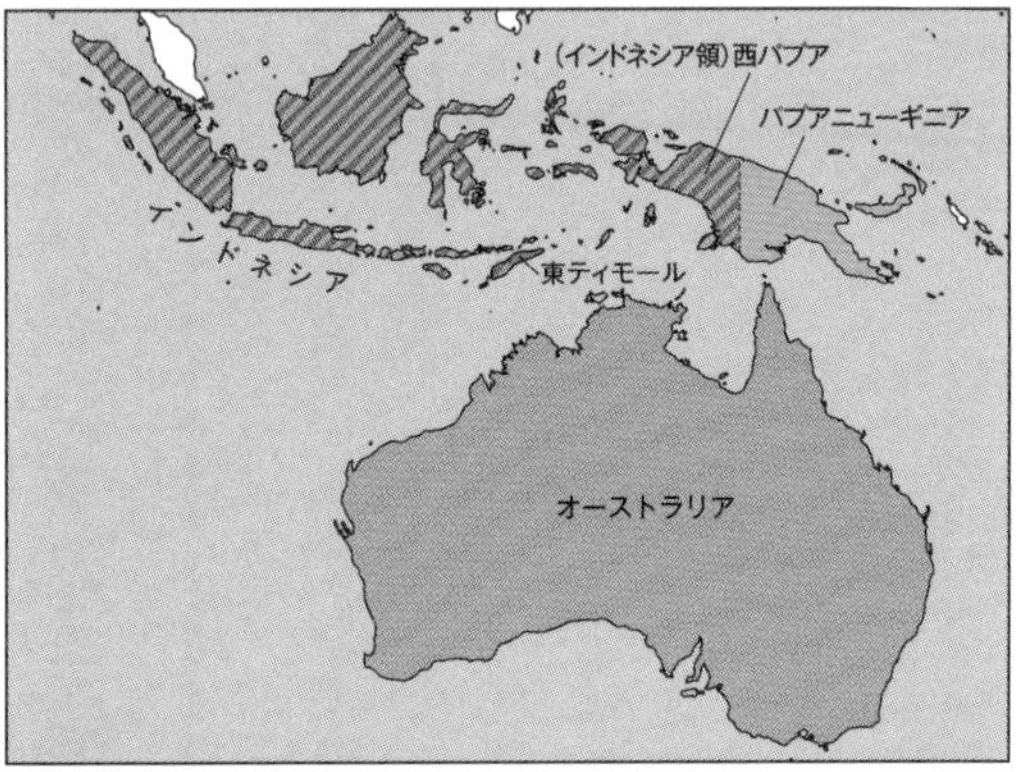

memo インドネシアとオーストラリアは近距離に位置する

出所：著者作成

係性を強固なものへとせざるを得ない理由について紐解いてみます。

　まず、地図帳などでは「東南アジア」と「オセアニア」が掲載されているそれぞれのページが離れていることもあって、オーストラリアとインドネシアが隣国であるという概念が希薄になりがちです。そしてインドネシアは1万7500余りの島を持つ多島国として知られており、中でもニューギニア島における東経141度以西はインドネシア領の一つであり、同島のすぐ南側にはオーストラリアが位置します。

ニューギニア島の歴史を紐解く

　かつて東南アジアに存在した「オランダ

領東インド」は、現在のインドネシアとほぼ一致することもあって、「インドネシアの旧宗主国はオランダ」とされています。

１９４９年のインドネシアの独立にさいし、オランダ領ニューギニアと呼ばれていたニューギニア島西部も含めて領有することになりました。しかし、同地はパプア人（パプア諸語を母語とする民族）が居住する地域であるため、パプア人は独立国家を目指し、オランダはこれを容認します。ところが、インドネシアが明確に反対の意を唱え、１９６１年には西パプアに軍事侵攻します。いわゆる「パプア紛争」です。

この紛争の解決に乗り出したのが、ジョン・F・ケネディ米国大統領（当時）でした。アメリカ合衆国の調停交渉により、西パプアは国際連合の統治下に置かれ、１９６３年にはインドネシア統治に移管、さらに１９６９年までに最終的な帰属はパプア人に決めてもらうことで合意しました。

１９６９年に行われた西パプアの帰属を決めるための選挙は、インドネシア国軍に選好された少数の住民だけが投票を許されるという、いわゆる「出来レース」となり、「インドネシアへの帰属」が賛成１００％というありえない状況下でインドネシアへの併合が決まりました。これに対して１９７１年には「自由パプア運動（ＯＰＭ：Organisasi Papua Merdeka)」と呼ばれる独立を目指す組織が結成されると、西パプア共和国の建国が宣言されました。このため、「パプア紛争」は現在まで続く、依然として解決されていない紛争と認識されています。

なぜ、それほどまでに**インドネシアは西パプアの領有にこだわる**のでしょうか？

「西パプア」の領有にこだわるインドネシア

ニューギニア島西部は、先に述べた「出来レース」によって1969年に西イリアン州として発足し、1973年にイリアンジャヤ州と改名しました。その後は分割と改名によって、現在は「西パプア州」を含め、ニューギニア島西部に5つの州が存在することとなりました。

西パプア州はインドネシアのおよそ5％もの面積を有しており、その地体構造から原油や天然ガスの埋蔵量が多く、特に天然ガスの産出、輸出が主産業となっており、主に日本や中国、韓国に輸出されています。また、西パプア州の住民のおよそ6割がパプア人であり、多くがキリスト教を信仰しているのですが、インドネシアは国民の9割がイスラームを信仰する国ですので、宗教的には少数といえます。

さらに、ニューギニア島西部には西パプアの独立を目指す「自由パプア運動（ＯＰＭ）」のような活動家が存在します。彼らは軍人や民間人の別なく武装抵抗するため、「監視するぞ！」とばかりに軍が派遣されていて、同地は、何かにつけ軍部の政治関与が散見される場所となっているわけです。

「パプア紛争は今も続いている！」わけで、独立派の武装戦闘員とインドネシア軍との衝突により、これまでなんと5万人が避難民となったという国連の報告があります。抗議活動への取り締まり強化に対して、「軍部が職権乱用しているのではないか？」という疑惑が存在するわけです。こうしたことを背景に、**西パプアの人たちは、「オーストラリアには西パプアを支援する道徳的義務がある」とさえ思っているようです。**

東ティモール独立を支援したオーストラリア

オーストラリアとインドネシアは地理的に近い国同士であるからこそ、友好関係を築く必要性に迫られる一方で、近いからこそ見えてくる「黒い部分」にどのように対処すべきか頭を悩ませています。西パプア州がその一つであり、2002年の東ティモールの独立がその最たるものといえます。

東ティモールは、ティモール島の東部を領有する国です。16世紀初頭にポルトガルの植民地となり、1975年まで続きました。ポルトガルからの独立後、すぐさまインドネシアによる軍事侵攻を受け、翌1976年にはインドネシア27番目の州として併合されてしまいます。

時のスハルト大統領（任期1968・3〜1998・5）は東ティモールに同化政策を進め、激しい弾圧を加えていきます。発展途上国で散見されるような、「政情の安定」を最優先課題として反対勢力を弾圧していく政治のあり方、つまり「開発独裁」がインドネシアにも存在しました。

しかし、1996年に東ティモールのカトリック司教であるカルロス・フィリペ・シメネス・ベロ、独立運動家のジョゼ・ラモス＝ホルタ（2024年1月現在、東ティモール大統領）の二人にノーベル平和賞が与えられ、また1998年のインドネシア民主化運動によりスハルト政権が倒れると、1999年に東ティモールは独立の是非を問う住民投票を行うこととなりました。

この**東ティモールの独立を支援したのがオーストラリアでした**。1999年9月に住民投票が実施され事実上の独立が決定しますが、これを不服としたインドネシア国軍による東ティモールへの軍事侵攻が起きます。この東ティモール紛争において、多国籍軍が投入され、中心を担ったのがオーストラリア軍でした。結局は多国籍軍の活躍もあって、2002年に東ティモールは晴れて独立する運びとなりました。

しかし、東ティモール紛争は独立後も続き、結局終息したのは2005年でした。さらに２００６年に西パプアからの政治亡命者43人をオーストラリアが難民として受け入れたことで、オーストラリアとインドネシアは国交断絶の危機にまで陥りました。

最終的に、オーストラリアとインドネシアは２００６年にロンボク島で開催された会合にて「ロンボク条約」を結び、互いの国家主権を尊重し合う内容が盛り込まれました。このロンボク条約は軍事条約ではありません。

この条約を背景に、豪国アルバニージー首相は「ロンボク条約を守って、西パプアに対するインドネシアの主権を支持するぞ！」と表明しています。しかしこの条約の肝は、**「西パプア問題についてこれ以上何も言うなよ！」というインドネシアのオーストラリアへの態度が表れていることです**。東ティモールへのインドネシア軍への弾圧は終わったにせよ、西パプアへは未だに続いていますから。

それはそれとして、オーストラリアにはインドネシアが必要な状況がひましに高まっていると考えられています。**それは中国の存在によるものです。**

インドネシアを「楯」にするオーストラリア

ロシアのウクライナ侵略の影に隠れて、中国が太平洋での覇権《はけん》を構築しようと躍起になっている印象があります。ひょっとするとそれに気づいていないのは、日本人だけじゃないでしょうか？

２０２１年３月、当時パラオ大統領に就任したばかりのスランゲル・ウィップス・ジュニアが台湾を訪問したさい、在パラオ米国大使が同行しました。パラオは台湾を「正式な中国」と考える数少ない国で、台湾との関係強化に余念がありません。それもそのはず、**パラオから見れば、台湾の向こうに中国が位置しているわけであって、「台湾有事」が起きれば、「次は……」と危機感を持っていることは想像に難くありません**。

同様のことは、オーストラリアとインドネシアにもいえます。

南シナ海周辺で紛争が勃発した場合、オーストラリアにとってインドネシアは極めて重要な「楯」となります。インドネシアが中国に与するようなことにでもなれば、オーストラリアの安全保障は途端に再構築を迫られることとなります。メルボルン大学ティム・リンゼイ教授が「ロンボク条約はオーストラリアに利益をもたらす」と述べているように、これがオーストラリアの本音といえます。だからこそ、西パプアでの人権問題の存在、かつて東ティモール紛争での対立を超えて、このロンボク条約を締結したと考えられます。実に狡猾《こうかつ》であり、これぞ外交といったところです。

またリンゼイ教授は「遠くから『人権侵害を止めろー！』と叫ぶよりも、友人と思ってもらった方が話は通じる」とも述べていて、ロンボク条約はオーストラリアの利益だけでなく、人権問題の改善に一役買うかもしれないとも考えています。とはいえ、**インドネシアはロンボク条約を「オーストラリアを黙らせる道具」と考えているだけに、両国が見据える未来像には、なかなか乖離がある**ようにも思えます。

２０２２年４月に、中国がソロモン諸島との安全保障協定を締結していることもあって、ソロモン諸島のすぐ南側に位置するオーストラリアとニュージーランドの緊張が高まっていることは間違いありません。

外交とは「自国の利益のためにやるもの」なのであって、昨日まで敵対していたとしても時に利用する、そういう狡猾さが必要なのだろうと思います。日本政府にもそれを強く求めたいところですが、検討に検討を重ねて検討してばかりなので、なかなか期待できそうもありません。

まとめ

●オーストラリアがインドネシアを「楯」にするのは、中国の台頭による政情不安の懸念があるから。

●そのため、西パプア問題や東ティモールの独立など、過去に対立した経緯がありつつも、現在は協力体制を強化している。

2-3 「欧米vs中露」のパワーバランスに翻弄される小国とは？

反米政権が独裁するニカラグア

中央アメリカのほぼ真ん中に位置し、カリブ海と太平洋に面している国があります。その国の名はニカラグア、**かつて限りなく米ソによる代理戦争に近い性格を持った内戦が繰り広げられた国です**。結局この内戦は、1989年の冷戦終結によって事実上終結し、現在にいたります。

2024年1月現在のニカラグアの大統領は、ダニエル・オルテガ（1945～）という人物です。1985年から1990年までの5年間、ニカラグア大統領を務めたあと下野《げや》し、2006年の大統領選挙に勝利すると、16年ぶりに大統

ポイント

- 中央アメリカは「アメリカの裏庭」と位置づけられてきた
- ニカラグアは反米政権による独裁政治が行われている
- ニカラグアは台湾との国交を断絶し、ウクライナ東部2州の独立を承認した

アメリカの裏庭

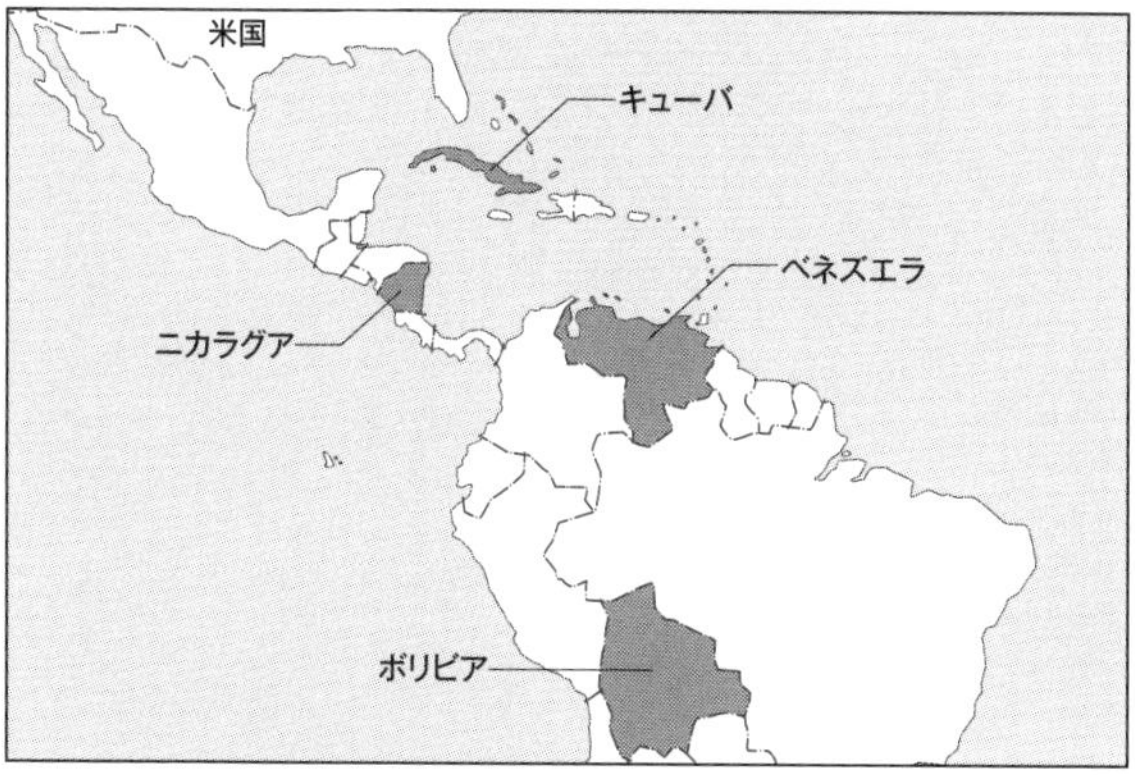

memo かつて反米政権が誕生した国々

出所：著者作成

領の座に返り咲きました。以後２０１１年、２０１６年ともに再選し、さらには大統領の無制限の連続再選を可能とする憲法改正を実現させます。２０１７年には妻のロサリオ・ムリージョを副大統領に就任させ、２０２１年には自身５期目の当選を果たすと、さらなる独裁色を強めていきます。

ニカラグアで長らく独裁者として権力を掌握してきたのが、父・長男・次男と大統領職を務めたソモサ一族でした。ソモサ政権時代には、**国内総生産の約半分をソモサ一族の系列企業が独占していた**ほどであり、こちらはこちらで独裁色の強い政権でした。そして１９７９年、次男アナスタシオ・ソモサ・デバイレの政権を打倒したのが、オルテガ大統領が率いるサンディニスタ民族解放戦線（ＦＳＬＮ）でした。

　サンディニスタ民族解放戦線は、元は左翼による政治活動にしか過ぎませんでしたが、後に政党へと発展し、現在のニカラグア議会の与党となっています。元々は、１９２７年から１９３３年にかけて、ニカラグアに駐留したアメリカ海兵隊に対して抗戦した、アウグスト・セサル・サンディーノに因んで名付けられた、「サンディーノ主義」が名前の由来となっています。

　サンディニスタ民族解放戦線は政権打倒を目指してニカラグア革命を指導し、これに成功します。このとき、サンディニスタ民族解放戦線の指導者だったのが、現大統領のダニエル・オルテガでした。これによって、１９３７年から43年間も続いたソモサ一族による政権は崩壊しました。ニカラグア革命後はソモサ一族が所有した土地を取り上げ、農地改革を行うなどして、**新政府は広く国民の支持を得ることに成功します**。また教育にも力を入れ、ニカラグアの識字率が上昇したともいわれています。

　ソモサ一族による政権は「親米路線」でした。しかし左翼の政治集団に倒されて「反米路線」へと転換したこともあって、ロナルド・レーガン米国大統領などは、ニカラグアを「西半球のガン」と呼び、経済制裁を加えます。またニカラグア国内に反政府組織を結成させ、ニカラグア政府軍との内戦を起こしたりもしました。

アメリカ合衆国は自ら戦争をせずとも、他国の政情不安に付け込んで戦争を起こさせ、武器商人を儲けさせるといったことをよくやっています。アメリカ合衆国は、これまで「裏庭」に干渉してきた歴史があり、キューバやベネズエラ、ボリビアなどに反米政権が誕生したのもその影響といえます。だからこそ、直接的、または間接的な武力介入や干渉政策を繰り返してきました。完全なるいたちごっこです。

こうしたことを背景に、激減したアメリカ合衆国からの経済援助の代わりに、ソビエト連邦による経済援助が始まります。同時期には、キューバ革命によって社会主義国となったキューバからの援助も始まりました。

２０２１年11月のオルテガが再選された選挙において、ニカラグア政府は**大統領選挙へ出馬を予定していた他の候補者のほとんどを逮捕**しています。理由は「外国の利益を代弁して政権を不安定化させた」というものでした。これによって数万人とも言われる人々が国外へ亡命しました。特に隣国、コスタリカへと亡命した人が多かったようです。

さて、ニカラグアからの亡命に対して国際連合人権理事会は「前例がないほどの数」と警告を発しています。人権状況の悪化の要因としては、恣意的な拘束、厳しい刑務所環境、適正手続きの欠如、学術機関や非営利組織に対する国家管理の強化、結社の自由の抑制などが指摘されています。これに対して、アメリカ合衆国を初めとした西側諸国はニカラグアの政府関係者に対する制裁を課していて、アメリカ合衆国でのビザ発給の制限もその一つだったといいます。

現在、ニカラグアはオルテガ大統領による社会的圧力が厳しくなっています。2022年になって700を超えるNPOやNGOが活動停止に追い込まれているようです。6月末には、ノーベル平和賞を受賞したマザー・テレサが設立した慈善団体も活動停止に追い込まれました。

これに対して、ニカラグアの国会議長は「多くの組織が長年にわたって理事会名簿を更新していなかったり、会計報告を提出していなかったりしたことが原因だ」と述べており、「恣意的に活動停止に追いやったのではない」としています。「偽りの大義名分」とはこのことです。現在のニカラグアは、サンディニスタ民族解放戦線が国会の議席の8割を占めていて、オルテガ大統領の独裁状態が続いています。

またニカラグア政府は、駐ニカラグア米国大使の候補である人物が「ニカラグアに対して無礼な発言をした！」とブチ切れており、大使に任命されても受け入れを拒否する声明をアメリカ合衆国へ通告していました。大使候補が一体何を述べたのかというと、「ニカラグア政府の方向転換を実現するため、あらゆる経済・外交手段を駆使することを指示する」ということです。ここで言うところの「方向転換」が「反米から親米へ」を指していることは間違いないでしょう。さらに、2021年の大統領選挙のさいの、オルテガ以外の候補者を逮捕するという人権侵害を正そうという姿勢も見てとれます。

ニカラグア政府からすれば、図星以外の何物でもないわけで、「正論ほど耳が痛い」とはこのことです。「夜中にラーメンを食べると体に悪いよ！」と言われて、分かってはいるけど止められないので「うるさい、黙れ！」と逆ギレしているようなものです。

ニカラグアが台湾との国交を断絶

ニカラグア政府は、これまで結んでいた台湾との国交を断絶して中国と国交を結ぶことを宣言しました。

「中華人民共和国は中国を代表する唯一の合法的な政府であり、台湾は中国の領土の不可侵の一部である。ニカラグア共和国政府は台湾との国交を断絶し、一切の接触や公的関係を停止する」とのことです。

これに対し、台湾は、ニカラグアのオルテガ大統領が「台湾人の友好を無視する」決定を下したことを「深く遺憾に思う」と表明し、ニカラグアの一方的な行動によるものであるとの見方が広がっています。

台湾との国交を断絶する動きは、特に2000年代以降増えていて、経済援助をエサに

中国による攻勢が強まっています。現在、ヨーロッパで台湾と国交を有するのはバチカン市国だけという状況になっています。特に2016年に台湾で蔡英文《さいえいぶん》総統が初当選して以来、中国の攻勢は強まっていて、2019年にはキリバス、ソロモン諸島がともに台湾と断交しました。

そもそも台湾、いわゆる中華民国は民主主義国家であり、親米国家であったかつてのニカラグアとは反共産主義という政治理念で結ばれていました。しかしニカラグアが反米路線へと転換したこともあって、これが台湾との国交断絶の遠因となっていることは間違いないようです。

ニカラグアが台湾との国交断絶に舵を切ったのは、中国から「断れないオファーがあったのだろう」という見方をされていて、貿易や投資などの対ニカラグア援助といった交換条件があったことが容易に想像できます。これが中国のやり方です。そして、**ニカラグアは「より良い条件を提示した」中国を選んだ**ということでしょう。

これに対して、台湾の蔡総統は、「台湾の民主化が成功すればするほど、国際的な支持は強くなる。（中国やロシアなど）権威主義陣営からの圧力は大きくなる」と記者団に語りました。

中国は近年、台湾を孤立させるために、国際連合などの国際機関に圧力をかけ、オブザーバーとして台湾を参加させることを排除させたり、定期的に台湾の空域に軍用飛行機を飛ばしたりしています。

ウクライナ侵略直後のオルテガ大統領

2022年2月24日にロシアによるウクライナ侵略が勃発した直後、オルテガ大統領は、「欧米諸国はロシアを挑発するためにウクライナを利用しているに過ぎないのだから、ロシアは自身の安全を要求しているだけだ」と述べています。これは、**ニカラグア大統領がロシアの姿勢を支持する最初の国家元首となった瞬間でもありました**。

そのため、「(ウクライナ領内の)ドネツク、ルハンスクの2地域の独立を認めるのはプーチンにとっては正しい行動であり、クリミア半島で行われたような住民投票を行えば、ロシアに併合することを望む人が多数を占めるだろう」と述べています。

ロシアはウクライナ侵略によって、アメリカ合衆国を牽制する動きが手薄になってはならないと考えている節があるようで、「反米国家」であるニカラグアとの連携を強めていると考えられます。ロシアはアメリカ合衆国との軍事衝突を避ける必要があるでしょうから、「アメリカの裏庭」と呼ばれる中央アメリカでのロシアの存在感を示そうとしていることが見てとれます。

実際に、ロシアによるウクライナ侵略が始まる直前に、ロシアのボリソフ副首相がニカラグアとベネズエラを訪れていましたが、これはあまり知られていません。もちろんアメリカ合衆国はニカラグアへの圧力を強めるわけですが、強めれば強めるほど、ロシアに接近していくという構図ができあがってしまってしまうわけです。

「欧米vs中露」という大きなパワーバランスに翻弄される小国が世界には数多くあることを、まざまざと見せつけられる思いです。他国に操作されない、そんな自由などありません。本来、あってはならないことなのですが……。

さて、これからの日本はどのような選択を迫られ、どのような道を歩んでいくのが最適なのでしょうか。未来像を描き、「旗」を立てて歩いて行く、そんな強いリーダーが今の日本には必要なのかもしれませんね。

まとめ

- 「欧米vs中露」のパワーバランスに翻弄されている小国の一つが、ニカラグア。
- 「アメリカの裏庭」に位置するニカラグアは、台湾との国交を断絶し、ロシアへと急接近した。ラテンアメリカには大国に翻弄される小国が多い。

2-4 なぜ中東情勢に平和が訪れないのか?

ポイント

- 中東戦争の焦点は民族対立、ひいては宗教対立
- 第三次中東戦争の勝利が、イスラエルがガザ地区・ヨルダン川西岸・ゴラン高原を自国領土であると主張する根拠となっている
- 第四次中東戦争によって第一次オイルショックが起き、これによって石油の価格支配力がOPECへと移った

第一次世界大戦と中東戦争前夜

中東戦争とはイスラエルと周辺のアラブ国家との間に発生した戦争のことです。英語では「Arab–Israeli conflict」と表記されます。特に1948年、1956年、1967年、1973年の4回の戦争が中東戦争と称されます。イスラエルをアメリカ合衆国・イギリス・フランスが、アラブ国家をソビエトがそれぞれ支援しました。

時代が冷戦期であったことから、米ソによる代理戦争という見方もありました。しかしこれはあくまで石油などの利権や武器の供給といった経済的な側面による、い

わば商売人による市場の奪い合いという意味においてのことのようです。それよりもエルサレムやヘブロンなど、ユダヤ教やイスラームの聖地の帰属問題によるところが大きく、やはり**中東問題の焦点は民族対立、ひいては宗教対立にあるといえます**。

時は1914年、第一次世界大戦が勃発します。この戦争はイギリス・フランス・帝政ロシアといった三国協商とドイツ帝国・オーストリア＝ハンガリー帝国・イタリア王国の三国同盟の衝突でした。後にイタリア王国は三国協商側へと与し、三国同盟にオスマン帝国とブルガリアが加わって4カ国による中央同盟となりました。

イギリスはオスマン帝国と戦うさい、オスマン帝国内の諸民族に対し、自陣に入るよう様々な協定を結びました。さらに1915年のフサイン・マクマホン協定によって、中東地域におけるアラブ人の独立を支持する約束をします。翌1916年にはイギリス・フランス・帝政ロシアとの間でサイクス・ピコ協定が秘密裏に結ばれ、これによってオスマン帝国の領土分割について決められました。

1917年になると、イギリスはバルフォア宣言によってパレスチナにおけるユダヤ人居住地の建設を約束します。当時、ロシアでは「ポグロム」というユダヤ人虐殺を行っていたこともありましたので、ロシアと敵対するドイツを応援するユダヤ人が多かったといいます。そのためユダヤ人を味方につけるためにシオニズム運動を利用したといえます。

サイクス・ピコ協定によるオスマン帝国分割

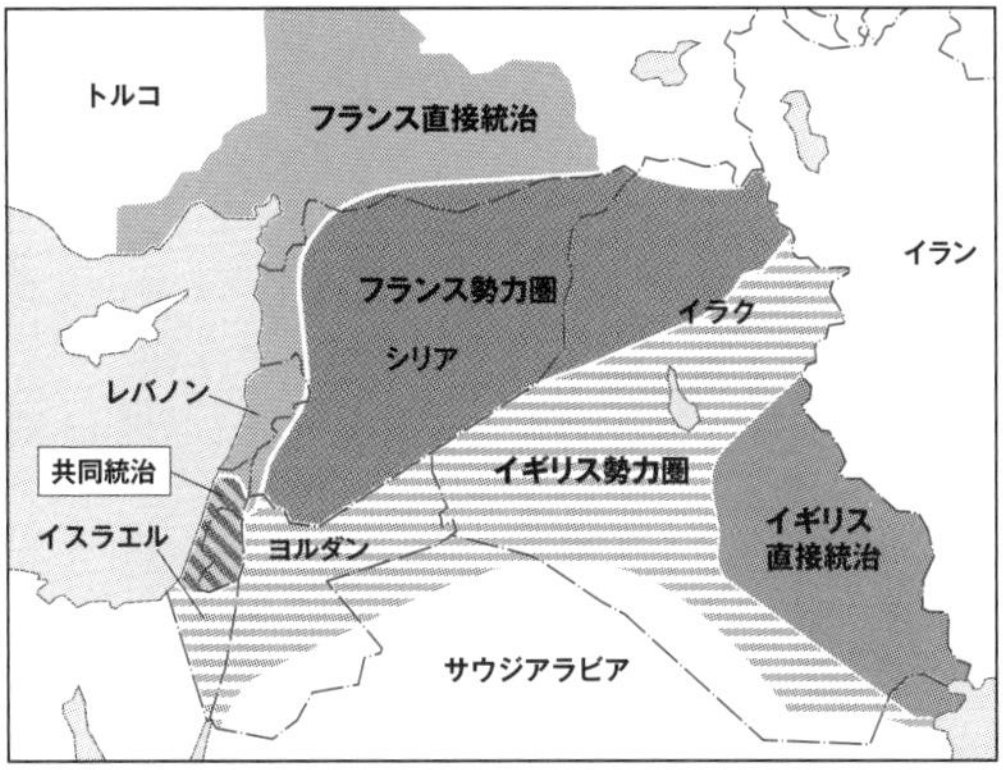

memo いわゆるイギリスの「三枚舌外交」

出所：著者作成

これら一連の動きは、いわゆるイギリスの「三枚舌外交」と呼ばれています。

第一次世界大戦が終わると、パレスチナはイギリスによる委任統治領となりました。

約束通り、多くのユダヤ人たちがパレスチナの土地に入植してきましたが、ユダヤ人の増加にともなってアラブ人との間で民族衝突が起こり始めます。アラブ人たちがユダヤ人の入植を制限するよう求めたため、これに激怒したユダヤ人たちは暴動を起こします。これに対してイギリスは、1947年にパレスチナの土地をアラブ人とユダヤ人に分割させる「パレスチナ分割案」を提案しますが、これはアラブ人が拒否したため、この分割案は立ち消えとなりました。

そこにきて、第二次世界大戦の勃発です。

第二次世界大戦中、ナチスによるユダヤ人のホロコーストから逃れるため、さらに多くのユダヤ人がパレスチナを目指して入植しました。アラブ人との民族衝突がさらに激しくなる中、**イギリスは組織されたばかりの国際連合に「事態の収束」を丸投げします。**

イスラエル建国と第一次中東戦争（1948年5月15日～1949年）

国際連合は、1947年にパレスチナ分割決議案を採択します。パレスチナの地にアラブ人とユダヤ人の二つの国家を建設するものでしたが、10年前の分割案よりもさらに「ユダヤ人有利」であったため、アラブ側はこの分割案に反対し、逆に各地で武力衝突が頻発するようになりました。事実上のパレスチナ内戦の開始です。

これにともない、シオニストたちはアメリカ合衆国にユダヤ人の国家建設の支援を要請します。この要請に対してマーシャル米国国務長官は要請を拒否しましたが、時の大統領トルーマンはこれに同意する姿勢を見せます。

結局、1948年5月14日にイスラエルが建国されます。建国宣言を行ったのは、後にイスラエル首相となるダヴィド・ベン＝グリオンでした。イスラエル建国は既成事実としてアメリカ合衆国に伝えられ、マーシャルはこれを認めざるを得ず、トルーマン大統領は即座にイスラエルの国家承認を行いました。

これに対して、周辺のアラブ諸国は即座にパレスチナへ侵攻し、これをもって第一次中東戦争が勃発します。元をたどればパレスチナにおけるユダヤ人とアラブ人による内戦ですが、イスラエルの独立に反対の立場を採ったエジプト、サウジアラビア、イラク、トランスヨルダン（現在のヨルダン）、シリア、レバノンなどの存在から国家間対立へと発展していきます。当初はアラブ連合軍に有利な戦局でしたが、アラブ連合軍のその後の足並みが揃わなかったこともあいまってイスラエルはこれを巻き返します。その後、イスラエル優位の戦局のまま、国連による停戦勧告を受け入れることで戦争は終結しました。**そしてこの戦争によって多くのパレスチナ難民が発生し、周辺諸国へと流出していきました。1949年のことです。**

イスラエルは戦後、パレスチナ分割決議案よりも広い領土を獲得しますが、エルサレムは西半分しか獲得できず、首都機能はテルアビブに置かざるを得ませんでした。さらに嘆きの壁が存在するエルサレム旧市街地がトランスヨルダンの手に渡ったこと、ユダヤ教徒の聖地への出入りが不可能となったことは大きな痛手でした。

スエズ運河の国有化と第二次中東戦争（1956年10月29日～1957年3月）

時は1952年、エジプトはアスワンハイダムの建設に着手します。エジプトは共和制への移行を指導者したナーセルが大統領に就任していました。アスワンハイダムの建設にアメリカ合衆国が資金援助を申し出ますが、アメリカ合衆国がイスラエル支援国家であることを理由に、ナーセルはその資金援助を拒否します。

続く1956年、エジプトはスエズ運河を国有化します。しかし、既得権益が侵されることとなる英仏はこれを阻止すべく、イスラエルを支援してエジプトと戦争を起こすよう扇動《せんどう》していきます。

同年10月、イスラエルによるシナイ半島への侵攻が始まります。第二次中東戦争です。初っ端からイスラエル軍の快進撃が続き、程なくしてシナイ半島を占領することに成功しました。さらに翌11月には英軍と仏軍が介入してきますが、さすがに英仏の利己主義的な戦略に対し、アラブ諸国を支援してきたソビエト連邦だけではなく、なんとアメリカ合衆国もこれを非難します。

そして国際連合の停戦決議によって戦争は終結、英仏はエジプトのスエズ運河国有化を承認します。**第二次中東戦争には敗北したエジプトでしたが、スエズ運河の国有化を達成したことを考慮すれば、実質的な勝者はエジプトだったといえます。**

ナーセル大統領はアラブ諸国における盟主としての地位を獲得し、一方のイギリスはこれを機に中東地域からの完全撤退を余儀なくされていきます。

PLOの結成と第三次中東戦争（1967年6月5日〜10日）

1964年、パレスチナに住むアラブ人の民族自決権の獲得とパレスチナ難民の帰還を目的としてPLO（パレスチナ解放機構）が結成されました。当初は武装闘争によってパレスチナをイスラエルから解放することを掲げていましたが、後にヤーセル・アラファトがPLOの議長に就任すると、PLOは穏健《おんけん》路線へと変更します。しかしPLOが結成された1964年頃から、イスラエル北部で武力衝突が起こるなど次第に緊張の度合いが高まっていきました。

1967年にはエジプト軍がシナイ半島に進出して、イスラエルに睨みを利かせるようになり、一方のイスラエルも軍を動員して来るべき戦争に備え始めました。1967年6月5日早朝、イスラエル空軍が周辺アラブ諸国の空軍基地に空爆を行います。一方的に空軍基地を壊滅に追いやった後、イスラエルは地上戦の攻撃を始めます。

この戦争はわずか6日間で集結し、これによって**イスラエルはエジプトから「シナイ半島」と「ガザ地区」、ヨルダンから「ヨルダン川西岸」、シリアから「ゴラン高原」を占領しました**。特にヨルダンから奪ったヨルダン川西岸は東エルサレムを含んでいたため、これはイスラエルにとって大変意義ある勝利でした。しかしこれによってヨルダン川西岸か

第三次中東戦争でイスラエルが占領した地域

memo イスラエルが自国領土と主張する根拠

出所：著者作成

ら難民となってヨルダンへ流出した人が増加したため、以前よりもパレスチナ難民が増加したといわれています。

この戦争の勝利は、イスラエルが現在においても「ガザ地区・ヨルダン川西岸・ゴラン高原は自国の領土である！」と主張している根拠となっています。時は冷戦時代、アラブ諸国を支援していたソビエト連邦は、世界における覇権争いでアメリカ合衆国を出し抜こうという意思から、エジプトとシリアを「イスラエルに動きあり！」と扇動し、これでエジプトとシリアの軍が動いたといわれています。

これに対してイスラエルはアメリカ合衆国に仲裁を求めます。しかし当時のアメリカ合衆国はベトナム戦争中であったため、イスラエルを支援する余裕はありませんでした。中東地域におけるイスラエルは四面楚歌であるため、存亡の危機を感じて先制攻撃に走ったとも考えられています。そしてシナイ半島がイスラエルの領土となったことは、スエズ運河東岸にイスラエル軍が駐留する根拠となりました。

この後、「消耗戦争」と呼ばれる、スエズ運河を挟んだイスラエルとエジプトの小競り合いが続いたことでスエズ運河の通行が不可能となり、世界経済へ大きな打撃を与えることとなります。またアラブ諸国の集まりであるアラブ連盟は、イスラエルに対する「和平せず・交渉せず・承認せず」という原則を打ち出していきます。

第四次中東戦争（1973年10月6日〜24日）と第一次オイルショック

1973年10月6日、ユダヤ人にとって神聖な贖罪《しょくざい》の日にあたるこの日、エジプトとシリア両軍がスエズ運河とゴラン高原にて、イスラエル軍に対する攻撃を加えました。贖罪の日であったことや、先の第三次中東戦争が圧勝に終わったこともあって、イスラエル側は無警戒でした。そのため先制攻撃を受けたイスラエルは、スエズ運河の東岸地域を失います。

10月9日になるとイスラエルは反撃に転じ、まずゴラン高原を奪回、10月16日にはスエズ運河の東岸地域を奪回し、また西岸地域の一部を奪取しました。これに対抗してOPECに加盟する中東6カ国が、原油価格を70％引き上げることを決定し、さらにOAPEC（アラブ石油輸出国機構）がイスラエル支援国であるアメリカ合衆国とオランダに対して石油の禁輸措置を決定します。石油価格が高騰し、第一次オイルショックが起きました。これは**石油の価格決定権がオイルメジャーからOPECへと移ったことを意味しました**。これを元にしてOPEC諸国は経済発展を遂げていくこととなり、6－1で詳しく述べますが、国内における外国人出稼ぎ労働者の増加へと繋がっていきます。

中東戦争は4回にわたって起こりましたが、その後も断続的にイスラエルとアラブ諸国との軍事衝突が発生しています。エジプトのサダト大統領は中東情勢の緊張緩和を目指してアメリカ合衆国と連絡を取りました。そしてイスラエルを訪問するなど尽力していきます。時のジミー・カーター米国大統領の招待でサダトとイスラエル首相のビギンの会談が行われます。場所はアメリカ合衆国大統領の山荘、つまりキャンプ・デービッドでした。第四次中東戦争から5年、1978年のことです。

このキャンプ・デービッド合意に基づき、翌年にエジプトとイスラエルとの間で和平条約が締結され、シナイ半島はエジプトへと返還されました。サダトとビギンはともにノーベル平和賞を受賞しますが、これが国民からの反発を買い、サダトは同じイスラーム教徒に暗殺されてしまいます。１９８１年のことです。同時期にイラン・イラク戦争（１９８０〜１９８８年）が勃発していたこともあり、イスラエルとアラブ諸国の反目が一旦蚊帳の外に置かれたといっていいでしょう。また第四次中東戦争後にレバノン内戦（１９７５〜１９９０年）が起きており、これを第五次中東戦争とみなす考えもあるようです。

そして２０２３年10月7日、**第四次中東戦争勃発から50年と1日が経ったこの日、突如としてガザ地区からイスラエルにミサイルが発射されました**。声明を出したのはスンナ派イスラーム原理主義のハマスでした。イスラエルは、ガザ地区の戦闘員だけでなく民間人をも巻き込んでの報復に及び、これによって多くの死者を出しました。現在、収束の気配を見せていません。

まとめ

- １９４８年のイスラエル建国後に、民族対立が深刻化して戦争へと発展。四度にわたる中東戦争が勃発した。この戦争によって、中東地域でのイギリスの影響力の低下、そしてアメリカ合衆国の影響力の拡大が見られた。
- １９７８年キャンプ・デービッド合意で和平が成立したが、依然として大なり小なりの民族衝突が断続的に発生している。

〈年表〉時系列で見る中東戦争

約2000年前	ローマ帝国の支配下にあったユダヤ人が流浪の民（ディアスポラ）となってパレスチナを追われる
19C後半	ユダヤ人国家をパレスチナの地に建国することを目指した**シオニズム運動**が高揚。この頃、**多くのユダヤ人が米国に渡る**
1914年	第一次世界大戦（WWI）勃発
1915年	**フサイン・マクマホン協定** イギリスは、アラブ指導者フサイン・イブン・アリーにオスマン帝国支配からのアラブ人の独立を持ちかける
1916年	**サイクス・ピコ協定** イギリスは、ロシア・フランスとオスマン帝国領の分割案を確定
1917年	**バルフォア宣言** イギリスが、ユダヤ人に対してパレスチナでのユダヤ人による国家建設を約束
1920～48年	イギリスがパレスチナを委任統治

1923年	トルコ共和国が建国される
1947年11月	イギリスはパレスチナ放棄、国際連合に委託 パレスチナ分割決議が採択されるもアラブ諸国は拒否
1948年5月	イスラエル建国。**米国は即日承認するも、アラブ諸国は未承認** 翌日、アラブ諸国はイスラエルに侵攻。第一次中東戦争が勃発 **〈第一次中東戦争（1948年5月15日〜1949年）〉** イスラエルの全面勝利となり、パレスチナの大部分を占領。この結果**多くのパレスチナ難民が発生、ヨルダン、レバノン、シリアなどに逃れた**。これによりアラブ諸国の力の無さが露呈し、エジプトではこれに不満を持ったナーセルやサダトを中心とした将校たちによる革命が発生して、共和制へと移行
1956年10月	スエズ運河を国有化したエジプトに対してイギリス・フランスはイスラエルを扇動、イスラエルとエジプトによる第二次中東戦争が勃発 **〈第二次中東戦争（1956年10月29日〜1957年3月）〉** 1956年、エジプトがスエズ運河を国有化したことに反発した英仏がイスラエルとともにエジプトに攻撃した戦争。イスラエルはシナイ

半島を占領したが、米国とソ連がこれを非難したため撤退、エジプトのスエズ運河国有化を認めた。エジプトの実質的な勝利であり、大統領となったナーセルはアラブ世界の英雄となった

1964年5月

エジプトとシリアの支援によって**パレスチナ解放機構**（PLO：Palestine Liberation Organization）がヨルダンのアンマンに設立

1967年6月

ゴラン高原を巡ってイスラエルが周辺アラブ諸国に先制攻撃を加え、第三次中東戦争が勃発。イスラエルは、**シナイ半島**、**ガザ地区**、**ヨルダン川西岸**、**ゴラン高原**の4つを占領した

〈第三次中東戦争（1967年6月5日～10日）〉

PLOの結成に対してイスラエルが周辺のアラブ諸国に先制攻撃を仕掛けた戦争。わずか6日間でイスラエルはシナイ半島・ガザ地区・ヨルダン川西岸・ゴラン高原を占領した。この戦争でナーセルは権威を失墜し、消耗戦争の停戦後、程なくして病死

1968年9月

〈消耗戦争（1968～70年）〉

エジプトは、第三次中東戦争でシナイ半島を失った。そのためスエズ運河東岸に駐留していたイスラエル軍への襲撃を繰り返し、イスラエ

ルがそれに応戦。最終的には米国の仲介で停戦したが、シナイ半島は返還されなかった

1970年　PLOが拠点をレバノンのベイルートに移す

1973年10月　エジプト、シリアがイスラエルに先制攻撃して**第四次中東戦争**勃発。米ソの提案で停戦となった。これを契機に**アラブ諸国はイスラエル支援国の米国・オランダに石油禁輸政策**をとり**第一次オイルショック**が起きた

〈第四次中東戦争（1973年10月6日〜24日）〉

ナーセル亡き後、エジプト大統領となったサダトが、シリアとともにイスラエルに奇襲攻撃をかけた戦争。最終的には、アラブ側が石油戦略を展開し、国際的な影響力を高めた。これによって第一次オイルショックが発生した。**1979年、前年のキャンプ・デービット合意に基づきイスラエルとエジプトが平和条約を締結、シナイ半島が返還された**

1975年4月　**〈レバノン内戦（事実上の第五次中東戦争、1975〜1990年）〉**
レバノン国内の宗教的な対立によって発生した内戦。特にキリスト教

徒とイスラーム教徒の間での権力争い、経済格差、パレスチナ難民問題、イスラエルによるレバノン侵攻（1978、82年）やシリアなど周辺国の介入などが背景。1990年にターイフ合意が締結されて内戦は終結

1979年2月
親米政権だったイランにおいて、**ホメイニ**師指導のもと**イスラーム革命**（イラン革命）が起き、これにより**第二次オイルショック**が起きた。
イランは米国と国交断絶

1979年3月
キャンプ・デービッド合意に基づき、**イスラエルとエジプトが平和条約を締結**

1980～88年
イラン・イラク戦争が勃発

1982年6月
バグダッド宣言により**シナイ半島**がエジプトに返還される
イスラエルは、レバノンに親イスラエル国家樹立を目指してレバノンに侵攻開始。そのさい、レバノン内戦に乗じて侵攻したシリアと対峙。
またこの年、イラン・シリアに支援された**ヒズボラ**が結成される。反欧米・反イスラエルでレバノンにイスラーム共和国建国を目指した

1987～93年
第一次インティファーダ

	イスラエル人とパレスチナ人との争い。翌94年、パレスチナ自治政府が発足
1988年11月	PLOがエルサレムを首都とするパレスチナ国家樹立を宣言
1990年8月	イラクがクウェートに侵攻
1991年1月	多国籍軍によるイラク空爆が開始、**湾岸戦争**が勃発
1993年9月	オスロ合意にてPLOとイスラエルが和解。**ヨルダン川西岸**、**ガザ地区**の暫定自治が決定
1994年10月	米国立ち会いの下、**イスラエルとヨルダンの間で平和条約が締結される**
1995年11月	イスラエルのラビン首相が暗殺される
2000～05年	**第二次インティファーダ**
2001年3月	イスラエルにシャロン連立政権が誕生
	以後、パレスチナに対して強硬姿勢をとりはじめる
2001年9月	**アメリカ同時多発テロ**勃発
2003年3月	イラク戦争勃発。イラクのサダム・フセイン政権が崩壊
2006年7月	**ヒズボラ**によるイスラエル兵の拉致事件をきっかけに、イスラエルが

2008～09年
レバノンに侵攻を開始
ガザ紛争が勃発。ガザ地区においてイスラエルとパレスチナ政党ハマスとの間で発生した紛争

2011年
アラブの春
チュニジアから広がった中東各国における民主化運動。ロシアが小麦輸出を自粛したことによる食料不足も要因の一つとされる

2014年
シリア内戦勃発

2020年
イスラエルがアラブ首長国連邦・バーレーン・スーダン・モロッコとの間で、国交正常化や平和条約が盛り込まれたアブラハム合意を締結

2021年
ガザ紛争が勃発

2023年10月
ハマスによるイスラエルへの攻撃によって、イスラエルが宣戦布告

第3章

地理学的視点で「資源」を読む

3-1 ベトナムで綿花需要が高まるわけとは？

世界最大の綿花輸入国である中国の国内事情

ＦＡＯの統計によると、２０２０年のベトナムの綿花輸入量は中国に次いで、世界二位でした。両国に次ぐのが、バングラデシュ、トルコ、パキスタン、インドネシアです。

植物性繊維には綿や麻などがあり、我々が普段着ている衣服のほとんどが綿製品です。綿製品を作るには多くの人手を必要とすること、「普段着」である綿製品は安価であることなどから、**製造拠点は「安価な労働力」「綿花の現地調達」が指向されます**。世界の綿花生産量（２０１８、ＦＡＯ）の

> **ポイント**
>
> - 中国は世界最大の綿花輸入国である
> - 海外企業がベトナムを衣類製造の拠点とするのは、ベトナムでの需要の取り込みが進んでいるから
> - 近年、インドが対ベトナム綿花輸出を拡大させている

世界の綿花の生産量

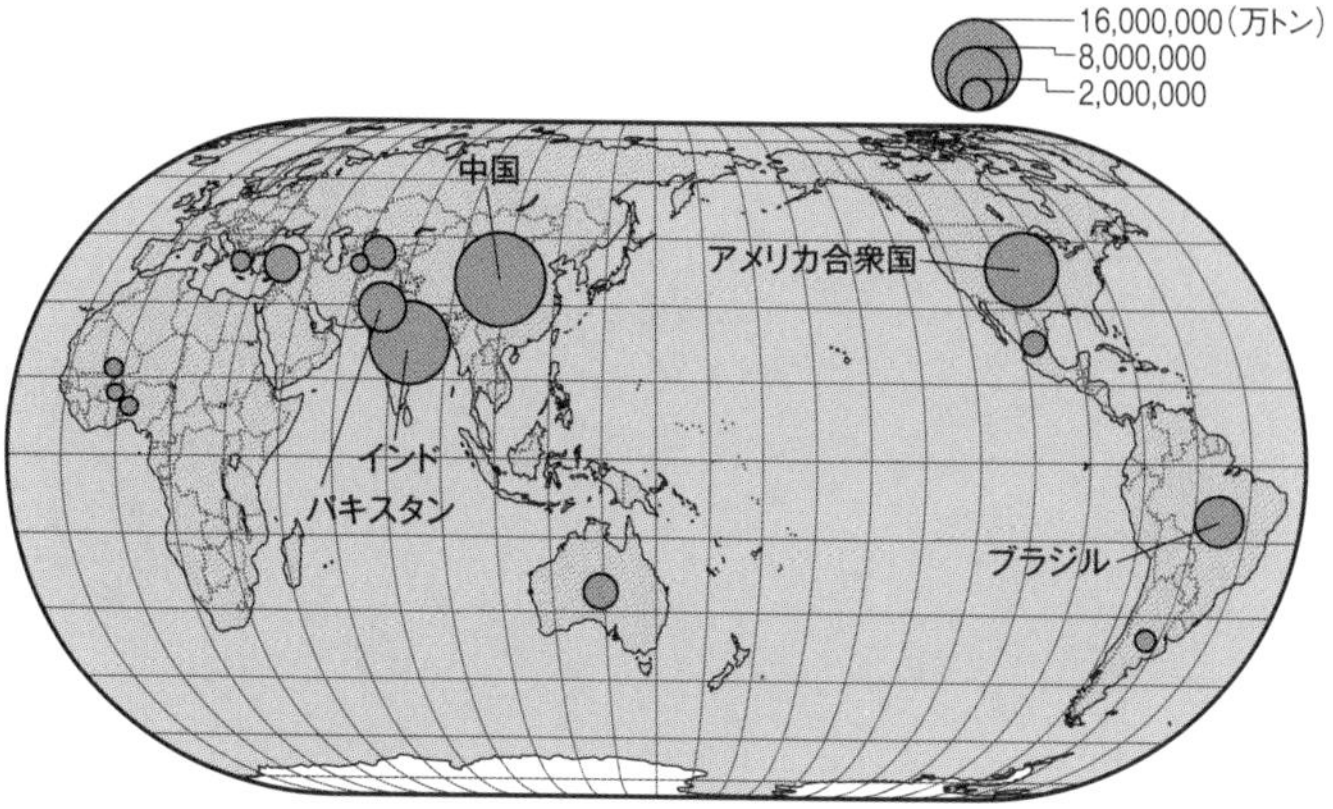

memo 中印パは綿織物の生産も盛ん

出所：FAO（2018）

上位国を見ると、中国、インド、アメリカ合衆国、ブラジル、パキスタンとなっており、この中で「安価な労働力」を満たさないアメリカ合衆国やブラジルは、綿花の輸出国となっています（アメリカ合衆国が一位、ブラジルが二位、２０２０）。

中国は、綿花の生産量が多いだけでなく、綿織物《めんおりもの》や綿糸《めんし》の生産量が世界最大ですが、安価で豊富な労働力が存在したとしても、材料となる綿花が必要であり、この綿花需要に対して「生産」「輸入」のどちらで供給するかが重要です。中国は綿花の生産量が世界最大であるため、「材料の国内調達」が可能ですが、世界最大の綿花輸入国

中国国内における綿花の生産

memo 生産地が新疆ウイグル自治区に集中している

出所：中国統計年鑑2021

でもあるため、需要に生産が追いついていないとも言えそうです。

これは中国における綿花の生産量を、各省・自治区ごとに表した図形表現図です。**図形表現図とは、「事象の大小を、図形の大小で表した図」です。**国内生産量に対する各省・自治区の生産割合を示したものですから、本当は図形表現図ではなく、階級区分図を用いた方が良いのですが、とりあえず分かりやすさ重視で、図形表現図にしました。

中国北西部、つまり新疆《しんきょう》ウイグル自治区での綿花生産量が多くを占めており、生産地である北西部から、綿織物や綿糸の生産地、そして衣類の輸出元である東部沿岸部まで運搬されることとなります。中国の国土面積は日本のおよそ25倍あるため、これだけ広大な国土では輸送コストがなかなかにして大きくなります。

そのため、国内産綿花を使用するだけでなく、綿織物や綿糸の製造業者の中には、外国産綿花を使用することもあるようで、中国の綿花輸入量が多くなっています。

中国の2021年における輸出統計を見ると、最大の「機械類」(43・1%)に次いで、「衣類」(5・2%)、「繊維と織物」(4・3%)が占めていますが、これらの材料である綿花の供給は「生産」だけでなく、「輸入」によってもなされているようです。

ベトナムで綿花需要が高まる「made in Vietnam」

ベトナムが綿花の輸入量を増やしています。近年のベトナムは海外のアパレルブランドの製造拠点として発展しています。ベトナムにおける2021年の輸出統計を見ると、「機械類」(43・6%)、「衣類」(9・7%)、「履物」(5・3%)、「家具」(4・4%)、「繊維と織物」(1・7%)となっています。近年のベトナムは、特に韓国系企業によるスマートフォンの製造拠点としても成長していますが、輸出品目を見る限り、まだまだ労働集約型産業も主力産業であることが分かります。

ではベトナムの綿織物産業は如何にして成り立っているのでしょうか？　もちろん……、といっては失礼かもしれませんが、「安価な労働力」が得られることは間違いありません。問題は原材料となる綿花の供給です。

実はベトナムは国内で供給される綿花のほとんどを輸入で賄っています。その主な輸入先はアメリカ合衆国です。アメリカ合衆国は綿花の生産量が世界3位ですが、先述の通り「安価な労働力」の供給がほぼ不可能です。そのため国内で生産された綿花のおよそ8割が輸出に回ります。

アメリカ合衆国の綿花の輸出は1990年代以来、2倍以上に増加しました。これはダンピングが背景にあると考えられます。ダンピングとは農家に補助金を支出することで、農家は経費を抑え、かつ所得を維持することができますので、これにより安価な物品の輸出が可能となります。こうして、アメリカ政府は農家に補助金を支出し、安価な綿花を世界に輸出しています。

財政を圧迫するかに思える策ですが、輸出が促進されることで売上があがり、税収が増えるわけですから、それほど大きな問題とはなっていないようです。まさしく「お金を使ってお金を稼ぐ」という状況であり、日本政府にも聞かせてやりたいほどです。

2003年6月、ブルキナファソ、マリ、ベナン、チャドの4カ国を代表して、当時のブルキナファソ大統領ブレーズ・コンパオレが代表して演説しました。「アメリカが不当廉売《れんばい》しているため、我々の綿花が売れない……」。

「綿花イニシアチブ」と呼ばれた提案は、綿花が4カ国の経済発展において重要であること、ダンピングを背景に綿花産業が危機に瀕《ひん》していることを訴えたもので、補助金の撤廃を要求し、撤廃が完了するまでの期間は補償を要求するという内容でした。

しかし4か国にとってアメリカ合衆国が「悪魔」のような存在だったとしても、**ベトナムにとっては米国産綿花を安価に輸入できるため、大変ありがたい存在となるわけです**。

しかも、ここ数年の間でベトナム向けの綿花輸出がさらに増えたといいます。これは、2018年あたりから顕在化した米中貿易戦争が背景にあります。

ドナルド・トランプ米国大統領（当時）は、安価な中国製の鉄鋼製品を問題視していました。中国で生産された安価な製品が米国市場へ輸出されていたため、トランプ大統領は「中国が安価な鉄鋼製品を作ってアメリカに売りつけるものだから国内産業が困っている！　関税だ！　関税をかけるぞ！」と言い出したわけです。「お前のどの口がそれを言う!?」といった雰囲気はありますが……。

こうしてトランプ大統領は、「(関税がかかることで高くなった）中国製品を輸入するくらいなら、アメリカ国内で生産しよう！」という空気を作ろうとします。そして2018

年7月以降、様々な品目に関税をかけ始め、その数は1000を超えました。もちろん中国が黙っているわけもなく、牛肉や大豆など、主に農産物に対して、800を超える対米輸入品目に関税をかけました。

近年では、**多くの国でEPA（経済連携協定）やFTA（自由貿易協定）を締結する動きが見られ、関税や非関税障壁を廃止し貿易の促進を図ろうとしています**。CPTPP（環太平洋パートナーシップに関する包括的及び先進的な協定）もその一環です。消費者はより安いものを手にすることができる利点があるのですが、国内産業に大きな打撃を与える危険性もあります。ちなみにCPTPPとは、アメリカ合衆国離脱後のTPP加盟国11か国による新たな枠組みです。

そこで、関税を高くすることで国内産業を保護したのがトランプ大統領（当時）でした。しかし、「出る杭は打つ」といわんばかりに、「世界の覇権は、このアメリカが担うんだ！中国を今のうちに叩き潰す！」といった様相を呈していました。こうして、それまで中国へ輸出されていたアメリカ産綿花の多くが、ベトナムへと輸出されるようになっていきます。それはつまり、ベトナムの綿花輸入量の増大に繋がったということでもありました。

ベトナムの縫製業は非常に技術水準が高く、周辺諸国のタイやカンボジアなどと比較しても、図面通りに丁寧に生産するということで海外アパレルブランドから高評価を得ているそうです。また、ベトナムは近い将来に人口が1億人を超えるほどの市場規模を有している（9819万人、2022年、世界銀行）ため、海外アパレルブランドからすれば、規模の大きな市場を取り込む魅力もあります。

ここに注目したのがインドです。近年、ベトナム向け綿花輸出を伸ばそうという動きがあるようです。インドがベトナム向け輸出を増やすのは以下の点が大きいと考えられます。

まず、隣国ミャンマーの政情が安定しないことです。ミャンマーでは2021年にクーデターが発生して以来、国内情勢の安定にはまだ時間がかかりそうな気配です。ミャンマーでは、憲法改正に必要な賛成が議会の75%超と定められています。しかし、上院と下院ともに、軍人代表議席が定数の25%と定められているため、軍部が反対すれば憲法改正は不可能となります。つまり実質的に憲法改正が出来ない国であるわけです。

また近年の対中関係、そしてコロナ禍を背景に、インドは中国向け綿花輸出を取りやめました。そこで注目した新たな輸出先がベトナムというわけです。そして、中国はアメリカ合衆国からの綿花輸入が困難であることから、中国が第三国からの大量買い付けに走ることは想像に難くありません。実際に綿花の先物価格は2022年4月まで上がり続け、2020年4月比でおよそ3倍となりました。

もちろん、縫製技術の高さが世界的に評価されていること、人口大国であること、安価な労働力を得やすいことなど、ベトナムが持つ利点もありますが、米中貿易戦争やコロナ禍を背景とした要因もあったようです。

まとめ

- ベトナムの綿花需要が高まっている理由は、ベトナムが安価な労働力と高い縫製技術を有する国であり、近年、海外の衣料品メーカーがベトナムを製造拠点として選ぶようになってきているから。
- 米中貿易戦争やコロナ禍の影響で、ベトナムへの綿花輸出は増加している。

3-2 日本が東南アジアとの友好関係を築いておくべき理由とは？

畜産業の発達が食料自給率を低下させた

わが国は、あらゆる資源に対して自給率が低い国であり、自給できる食料は「米」「卵」くらいで、鉱産資源にいたっては「石灰」「硫黄《いおう》」だけといっても過言ではありません。

このように資源に恵まれないからこそ、如何にして資源に付加価値を加えるか、そのための技術開発、蓄積に力を入れてきました。そして、それを下支えしていたのが教育であり、まさしく**「人は資源なり」を追求してきたといえます**。

わが国の食料自給率の経年変化を見ると、1965年（昭和40年）時点は生産額ベースで86％、カロリーベースで73％

ポイント

- 日本は畜産業の発達によって輸入飼料への依存度が高まり、食料自給率が低下した
- 日本のエネルギーはほぼ全量を輸入で賄っている
- 輸送ルート上に位置する国、地域との関係性が重要

日本の食料自給率の推移

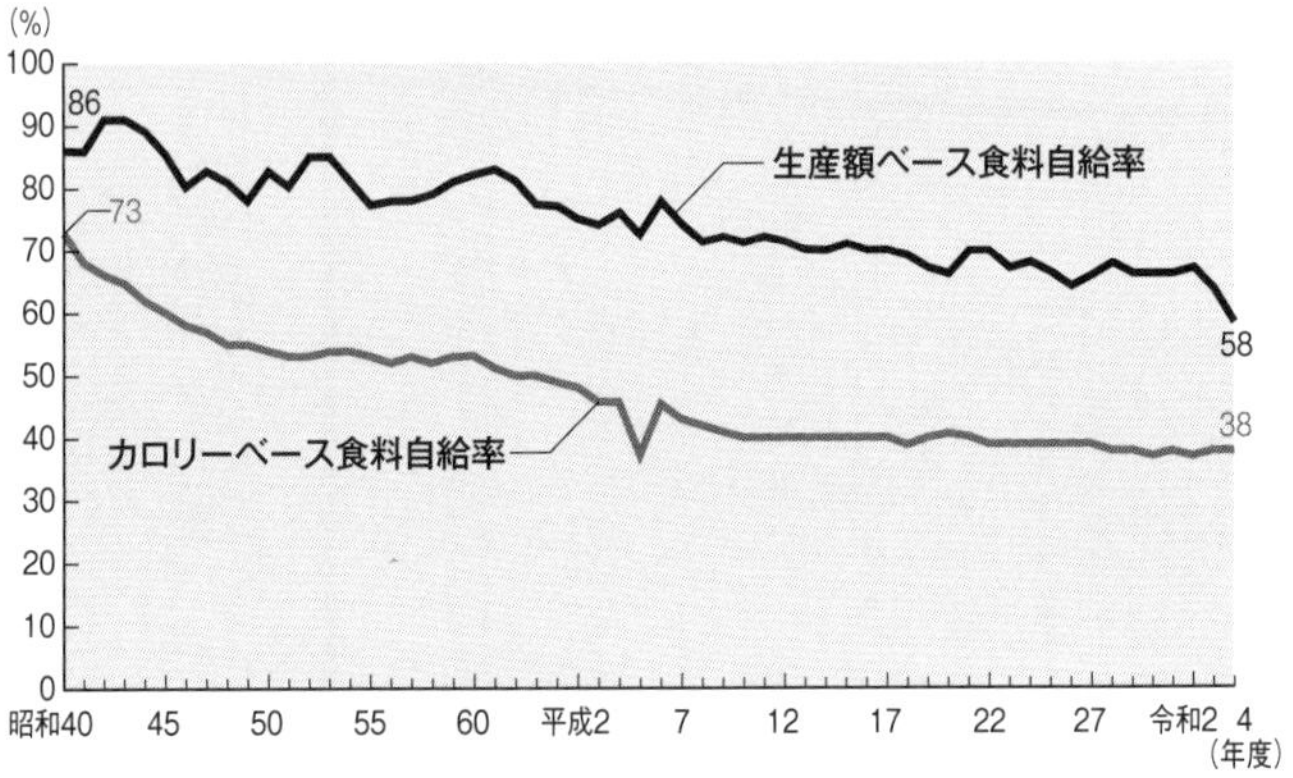

memo 高度経済成長期の減少幅が大きい

出所：農林水産省

でしたが、２０２２年（令和４年）になると前者が58％、後者が38％にまで落ち込んでいます。特に高度経済成長期の減少幅が大きかったようですが、２０００年代に入ってからは横ばい傾向で推移しています。

食料自給率には「品目別自給率」「総合食料自給率」の２種類があります。「品目別自給率」は各品目別自給率が算出され、重量ベースで計算します。一方の「総合食料自給率」は食料全体の自給率を算出した指数であり、生産額ベースとカロリーベースがあります。

食料自給率は、「国内生産」を「国内消費向け」で除して計算します。ここでいう「国内消費向け」とは国内供給のことですので、国内生産に輸入を加え、そこから輸出を差し引いたものに在庫増減が加わります。

わが国の食料自給率は、米の消費が減少傾向にあること、さらに畜産物や油脂類の消費が増加傾向にあることから**長期的に低下傾向が続いています**。一般に、食生活は経済成長にともなう生活水準の向上にともなって変化する傾向があり、特に、「肉類」「油脂類」「乳製品」の需要が高まります。

わが国では高度経済成長時代（1955～73年）に戦後復興を成し遂げ、生活水準が向上したことで、これらの需要が高まっていきました。**肉類の需要増大は、畜産業の発展を促しますが、それは飼料作物の輸入増大を意味します**。

飼料には粗《そ》飼料と濃厚《のうこう》飼料があります。粗飼料とは生草、乾草、サイレージに区分できます。

乳牛は「生草（牧草）」「乾草」「サイレージ（牧草や飼料イネ、トウモロコシなどを発酵させたもの）」などの粗飼料を、肥育牛や養豚、養鶏は濃厚飼料を中心にそれぞれ飼育されます。粗飼料が草、または草を素に作られた物であるのに対し、濃厚飼料はトウモロコシや大豆、ふすま、糠《ぬか》などを材料に作られます。また粗飼料は繊維質の含有量が多く、濃厚飼料は炭水化物とたんぱく質の含有量が多いのが特徴です。

こうした飼料穀物の多くが輸入で賄われていて、近年では1200万トン程度で推移しています。特にアメリカ合衆国（トウモロコシや小麦、こうりゃん）、オーストラリア（小麦や大麦）、ブラジル（トウモロコシ）、アルゼンチン（こうりゃん）などからの輸入が多く、特にトウモロコシの使用割合が大きくなっています。

輸入飼料の増加は食料自給率の低下に繋がっていきました。さらに生活水準の向上によって食の多様化が見られると、野菜や果物、肉類、小麦などの輸入が増大したため、日本の経済成長とともに、食料自給率が低下していったことが理解できます。

エネルギー資源の輸入先

わが国の輸出上位には「機械類」「自動車」「自動車部品」「鉄鋼」といった品目が並んでいて、1960年統計では「繊維品」「機械類」「鉄鋼」「船舶」が上位を占めていたことを考えると、「工業製品」の割合が高いことが分かります。一方で輸入上位には「機械類」「石油（原油、石油製品）」「液化ガス」「石炭」といった品目が並んでいることから、原燃料を輸入して工業製品へと加工して輸出していることが分かります。

これを一般的に加工貿易といいますが、最近では国際分業体制の進展によって中国などで製造された工業製品の輸入が拡大しており、かつてのような加工貿易の性格は弱まっているようです。

こうした産業構造に加え、その生活水準の高さからわが国が世界平均の2・6倍もの電力を消費する電力消費大国であることを考慮すれば、その**安定供給の確保は国家の安全保障にも直結する重要な課題といえます**。

貿易は輸出あっての輸入です。そのため、資源産出国の政情不安や新興国の台頭を背景に、世界的な資源の獲得競争が年々激しくなっていくことは想像に難くありません。わが国にとっては、ますます資源の安定確保、そして安定供給の重要性が高まっています。

わが国のエネルギー自給率（IEA、2020年）を見ると、原油0・3%、石炭0・4%、天然ガス2・1%しかありません。エネルギーを巡る国際情勢の「ガラリ一変」に極めて脆弱な構造となっています。また、2011年の東日本大震災以降、原子力依存度が激減しているため、替わって発電用燃料としての石炭や天然ガスの利用が拡大しています。

わが国のエネルギー資源別の主な輸入先を確認してみます。石炭はオーストラリア（66%）、インドネシア（12%）、ロシア（11%）、アメリカ合衆国（5%）、カナダ（4%）

日本の化石燃料輸入先（2021年）

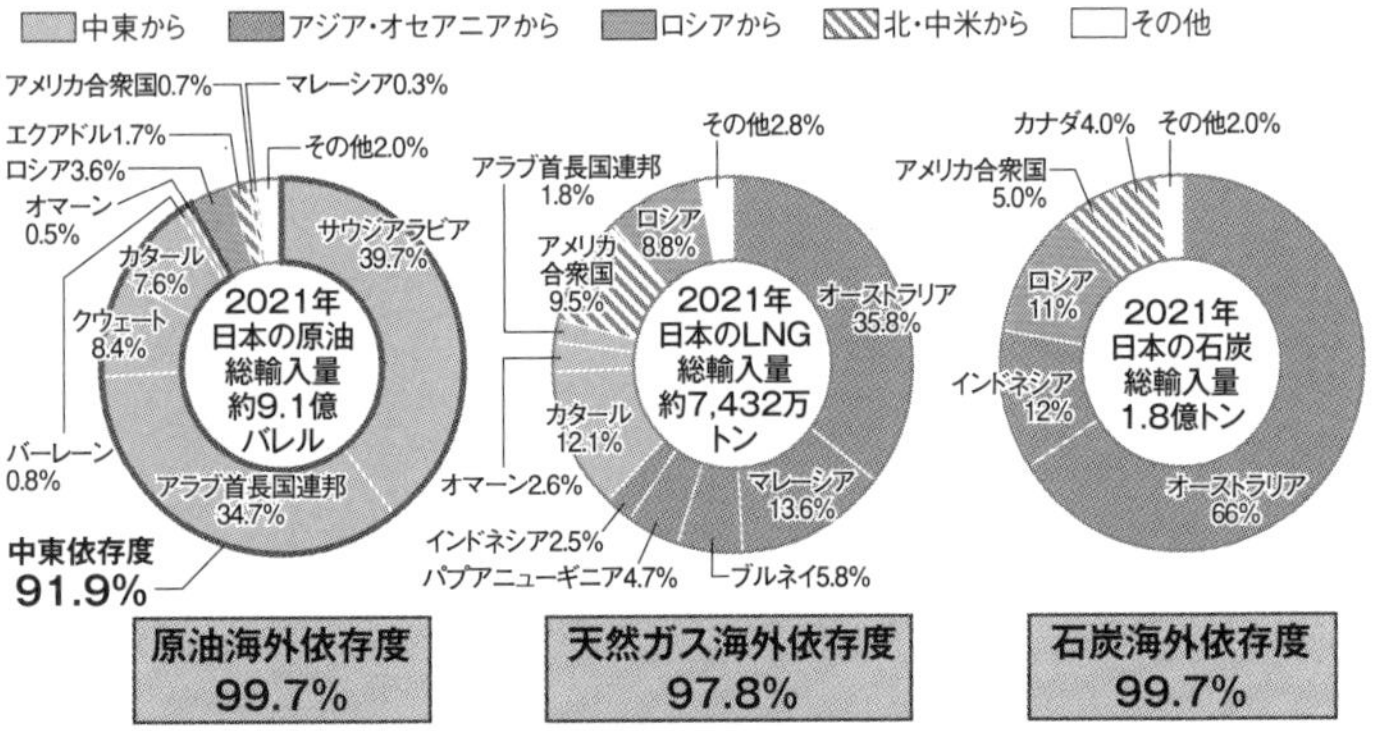

memo エネルギー資源の海外依存度はほぼ100%

出所：資源エネルギー庁

の順となっています（2021年）。これはロシアによるウクライナ侵略以前のことですので、ロシアからの石炭輸入が途絶えていることを考慮すれば、オーストラリアとインドネシアへの依存度はさらに高まるかもしれません。

　また原油の輸入先を見ると、サウジアラビア（39・7%）、アラブ首長国連邦（34・7%）、クウェート（8・4%）、カタール（7・6%）、ロシア（3・6%）となっており、ここにもロシアの名前が登場します。そしてサウジアラビアとアラブ首長国連邦の合計が70%を超えており、クウェート、カタールやその他の中東の産油国を加えると91・9%（うちOPEC依存度は84・3％）を数えます（2021年）。

続いて天然ガスですが、わが国は島しょ国であるためパイプラインでの輸送が難しく、また液状化して体積を600分の1にすることで一度に大量輸送が可能となり、輸送コストの低減を図れるため、液化天然ガスとして輸入しています。その輸入先はオーストラリア（35・8％）、マレーシア（13・6％）、カタール（12・1％）、アメリカ合衆国（9・5％）ロシア（8・8％）、ブルネイ（5・8％）となっています。石炭や原油と同様、ロシアからの輸入は途絶えますので、今後は代替輸入先の割合が高まります。

輸送ルート上に位置する東南アジア

地図を見るまでもなく、**日本が輸入するエネルギーの輸送ルート上に東南アジアが位置していることが分かります**。エネルギーの安定、かつ低廉《ていれん》な価格での確保は重要課題であり、東南アジア諸国との関係性を良好に保っておくことは極めて肝要です。特にマカッサル海峡からロンボク海峡は、戦略的に重要な海上水路（チョークポイント）といえます。最近では、アフリカのモザンビークからの液化天然ガス輸入を進めていることもあって、こちらも東南アジアを通って日本へやってきます。

ペルシア湾岸・オーストラリアから出る輸送ルート

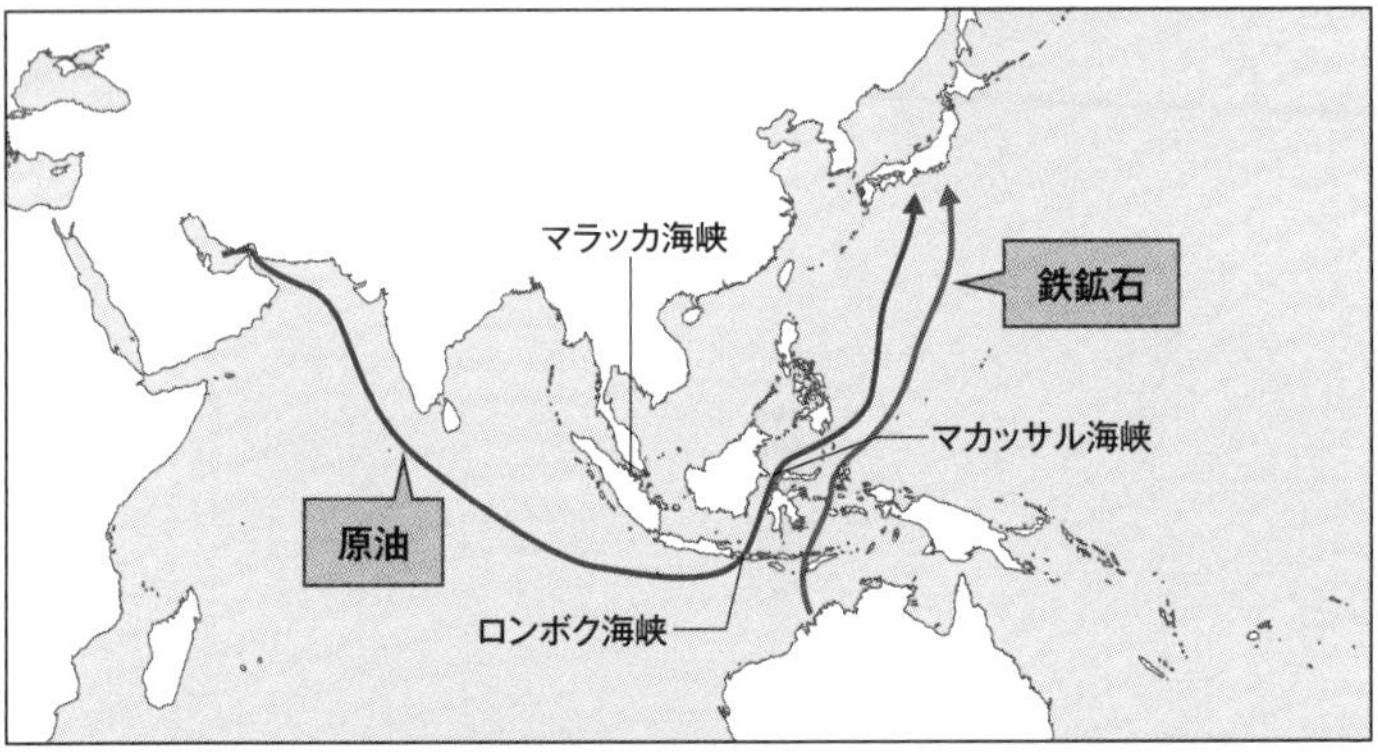

memo 東南アジアを通過している

出所：著者作成

日本からインド洋へ出るさい、マラッカ海峡を通るルートが最短となりますが、ここは非常に水深が浅く、また狭い海域です。ペルシア湾岸に向かった船舶が原油を乗せて戻ってくるとき、その分重量が増して船舶が沈むため、復路ではより深い海域を通る必要があります。それがロンボク海峡からマカッサル海峡にかけての海域です。ここを結ぶ線はウォーレス線と呼ばれ、これを境に東西で生物相が異なるほどです。

もちろん、輸送ルートは複数あった方が良いに決まっていますので、「政情のガラリ一変」が起きても問題ないように、代替ルートの確保は考えておく必要があります。

輸入相手国との関係性ももちろん大事ですが、輸送ルート上に位置する国との関係性もまた重要な課題であることを地図上で理解する。これもまた「**地図上で情報を語る**」、地理学ならではの話といえます。

まとめ

- 日本にとって東南アジア諸国との友好関係が重要な理由は、資源小国だから。食料自給率は低下しており、特に畜産物や油脂類の消費が増加傾向にある。これは飼料作物の輸入拡大を意味する。
- また、日本はエネルギー資源のほとんどを輸入に依存しており、輸送ルート上に東南アジアが位置していることもその理由である。

3-3 なぜ今、フランスは原発の新規建設を進めるのか？

世界で最も原子力発電割合が高い国、フランス

2021年11月のこと、**フランスのマクロン大統領が「原子力発電所の建設再開」を発表しました**。大義名分としては、2050年に温室効果ガスの排出量を実質ゼロにするために必要な施策であるとのことです。

そもそもフランスの原子力発電は総発電量に対して68・0%を占めており、**世界で最も高い割合となっています**。フランスは、ナイジェリアのビアフラ戦争（1967～70年）や第一次オイルショックをきっかけに、原子力発電の大規模開発に舵を切って以来、相次いで原子力発電所の建設を進めてきました。

ポイント

- フランスは世界最大の原子量発電割合をほこる国
- 「フランス流・脱炭素」は原子力発電と風力発電
- なりふり構ってなんかいられない現実問題

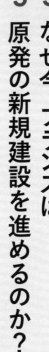

フランスは地体構造上、エネルギー資源に恵まれません。

プレートの狭まる境界の衝突型に多く見られる褶曲《しゅうきょく》構造を持った地層がほとんど存在せず、原油や天然ガスの埋蔵はほとんどありません。鉄鉱石も同様に、埋蔵はほとんど見られません。だからこそ、資源産地を獲得するために、かつてドイツとアルザス・ロレーヌ地方を巡って戦争をしたわけです。

しかし、電力がなければ経済発展は望めず、近隣にはルール炭田など石炭資源に恵まれるドイツ、北海油田の原油や天然ガスに恵まれるイギリスなどが存在しているため、何とかして電力の最低供給を確保することが急務でした。

フランスは政治体制が大統領制であるため、大統領の強大な権限を背景に迅速な政策実行が可能であったことも後押ししたようです。またマリ・キュリー（キュリー夫人）を輩出した国であること、さらに冷戦下において米ソが核開発を進めており、国防の観点からフランスでも核開発が行われていたこともあって、核の民生利用への国民の理解が円滑に得られたようです。

しかし2011年の東日本大震災で起きた福島第一原発事故や、EUの再生可能エネルギー推進などもあって、電力の多様化を進めることとなります。2012年には、就任したばかりのオランド大統領が原子力発電割合を低減する方向へと舵を切り、2025年までにその割合を50%にまで引き下げるという目標を立てました。実際に原子力発電割合は2005年と2006年の79・16%をピークにして、その後は依存度を下げていきました。

そして、ここへ来て原子力発電所の新規建設を発表したわけであり、それはイギリスで開催されたCOP26（第26回国連気候変動枠組条約締約国会議）の会期中でのことでした。

「フランス流・脱炭素」は原発推進

先進国を中心に「脱炭素」と叫ばれて久しい昨今ですが、**これはアメリカ合衆国や西欧諸国がいつまでも世界情勢の主導権を握るために突如言い出した「ルール変更」です**。少なくとも、私はそう認識しています。実際に、IEA（国際エネルギー機関）の事務局長だった日本人が「OPECからの石油生産に対する依存度が、4割から5割に上がっており、エネルギー安全保障面でのリスクが増大している」と述べており、「電気自動車などの低炭素技術を総動員する必要がある」と続けています。

IEAがOECD（経済協力開発機構）の下部組織（そのため、「国際」と冠していながら加盟国は西側諸国のみであり、OECD加盟国がIEA加盟の条件）であり、第一次

フランスの再生可能エネルギー発電割合の変遷

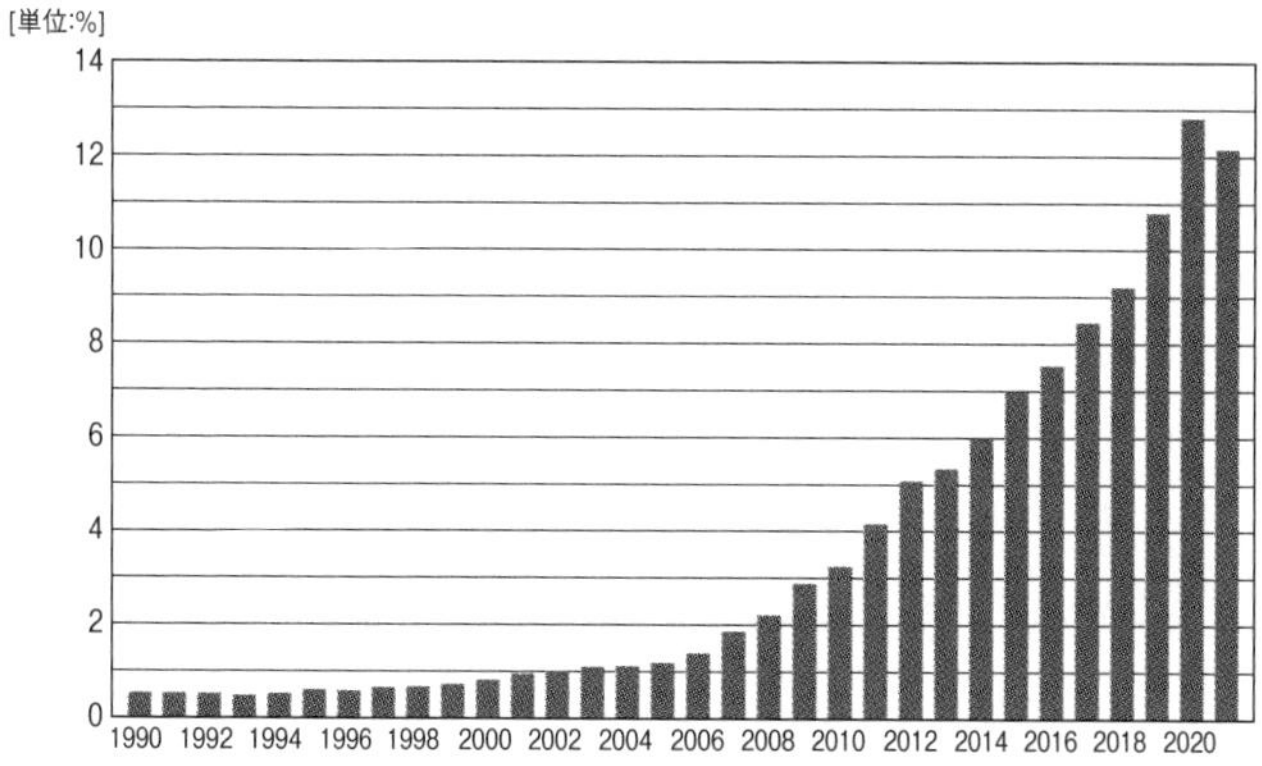

memo　2012年から10年でおよそ2.4倍に上昇

出所：著者作成

オイルショック後に設立されたことを考えれば、対OPEC、つまりエネルギーの主導権争いのために設立されたという見方ができます。つまり、エネルギー政策のシフトチェンジをしたいがために、「地球温暖化防止！」を利用しているとすら邪推《じゃすい》できます。

フランスは「脱炭素のためには原発が必要だ」と考えており、一旦は原発への依存度を低減する方向性を示していましたが、ここへ来て原発の新規建設を進めるようで、**「フランス流・脱原発」は「原発推進」というわけです**。実際に、40年以上も前から、化石燃料の使用量を削減してきました。しかし、本来、原子力発電は出力の変動を考えて作られていませんので、発電コストに収益性が見合わなくなり、さらには核燃料棒の損傷を招く恐れがあります。

また、**フランスは近年、急速に再生可能エネルギーへの依存度を高めています**。フランスの総発電量に対する再生可能エネルギー発電割合は２０２１年で12・13％となっており、原発への依存度を低減することを定めた２０１２年の５・08％から、10年でおよそ２・４倍に上昇しました。「最近流行りの太陽光発電？」と思いたくなるところですが、内訳を見ると風力発電割合の６・96％が最大で、以下、太陽光発電割合が２・85％、バイオマス・廃棄物発電割合が２・21％、地熱発電割合が０・03％となっています。

風力発電推進を可能にしたフランスの「地の利」

フランスが風力発電事業を推進しているのは、安定した風力が得られるからに他なりません。これは**フランスの「地の利」が関係しています**。特にフランスの風力発電所は国内のあちこちに建設されており、また近年では洋上風力発電の建設も進められています。そもそも、フランス本土の地理的位置は偏西風帯にあるため、絶えず吹く西風を利用することができます。

フランス本土はおよそ60%が標高250m未満であり、低平《ていへい》な地形をなしています。また西側は大西洋が広がるため、陸地との摩擦で偏西風が弱まることなく、また偏西風を遮る高峻《こうしゅん》な山脈などがないため、存分に風力発電を行うことができます。これはデンマーク（風力発電割合48・90%は世界最大）、アイルランド（同28・91%）、ポルトガル（同27・50%）、スペイン（同23・45%）、イギリス（同22・18%）なども同様です。偏西風帯に位置しながらも、季節風（モンスーン）の影響が大きいため、日本の風力発電割合がたった0・94%しかないという背景が理解できます。

また、2022年6月には初の洋上風力発電所であるサンナゼール洋上風力発電所が稼働を開始しています。これに対してマクロン大統領は「我々はエネルギーをコントロール出来るようになった！」と手放しで喜んでいましたが、海鳥の生息地が失われること、また衝突死（バードストライク）の問題点などが指摘されており、さらには景観を損なうという理由から地域住民の反対の声が上がるなどしています。さすが、パリ市内の中心部の歴史的景観を残すために再開発を許さず、西の郊外、ラ・デファンス地区を開発しただけある国です。

2035年までにEU全域において、ガソリン車・ディーゼル車の新車販売を終了（ただし環境負荷の低いものは容認）することが決まっています。つまり、**電気自動車への移**

行が目の前に迫っているため、安定、そして廉価での電力供給網の構築が急務です。

威勢良く「振り上げた拳」が正しかったことを自ら証明するためにも、フランスはなりふり構わず再生可能エネルギー発電量を増やすだけでなく、「得意」の原発を推進するという方法を採ろうとしています。

変わり身の早さも天下一品です。

まとめ

- フランスが原発の新規建設を進めるのは、欧州の脱炭素化に向け、原発と再生可能エネルギーを両輪とするエネルギー政策を進めるため。
- フランスはエネルギー資源に乏しいため、1970年代から原子力発電に注力してきた。2011年の福島第一原発事故をきっかけに、原発依存度を低減する方針を打ち出していたが、2021年に新規建設を発表。

3-4 21世紀もやっぱり「石油の世紀」？

20世紀は「石油の世紀」

20世紀は人類が石油の利用を拡大させたこともあって「石油の世紀」と称されることがあります。

1776年、ジェームズ・ワットによって分離凝縮器を用いた蒸気機関が開発されて以来、世界は産業革命が進展し、その燃料として石炭の需要が拡大しました。しかし20世紀になると、自動車や飛行機、電力発電所など、交通手段や各産業において石油需要が拡大していきます。特に20世紀初頭に登場したフォードモデルT（1908年販売開始、1927年生産終了）は、社会にモータリゼーション

ポイント

- 20世紀に入ると、モータリゼーションの進展によって石油の利用が拡大した
- 近年では、OPECプラスが常設の集団となっており、エネルギーの価格支配力を高めようとしている
- 「石油」の奪い合いを本筋に考えて対立軸を観ることが重要

の進展を促し、石油が交通手段の主要エネルギー源となっていきます。

そして二度の世界大戦では、石油が「外交カード」として活用され、また「石油資源の確保」は重要な戦略の一つとなりました。第二次世界大戦後、特に1950年代頃よりエネルギーの中心が石油へと移る（エネルギー革命）と、石油資源の確保と供給は国家安全保障にも繋がる最重要課題の一つとなり、**産油国は国際情勢をも揺るがす影響力を持つようになっていきます**。

人口増加や工業発展などによってエネルギーや電力の需要が高まると、石油の需要はさらに拡大し、ますます市場への安定供給が模索されるようになっていきました。

こうしたことを背景に、20世紀は「石油の世紀」と呼ばれています。

アメリカとイランの関係改善が気に入らないサウジアラビア

2022年7月、アメリカ合衆国のジョー・バイデン大統領は中東諸国を歴訪しました。この歴訪には、サウジアラビアの王太子、ムハンマド・ビン・サルマンとの会談も含まれていました。これはアメリカ合衆国がサウジアラビアとの関係を改善する意思があることを意味していました。そもそも、アメリカ合衆国とサウジアラビアの関係が冷え込んだのは、アメリカ国内におけるシェールオイルの採掘が本格化したことが発端でした。

アメリカ人は、「省エネルギーの意識はないんだろうか⁉」と思わせるほどにエネルギー多消費型の生活をしています。そのため、需要に供給が追いつかず、年々減少傾向にあった原油産出量を補うために、原油の輸入量が増加傾向にありました。**しかし、フラクチャリングと呼ばれる技術が開発されたことでシェールオイルの経済利用が本格化すると、それまで原油の最大の輸入先であったサウジアラビアとの関係が悪化していきます。**

そもそも、アメリカ合衆国が掲げる理念からすると、サウジアラビアのような厳格な政教一致の「世界」は相反するものがあるはずですが、サウジアラビからの原油を輸入するため、ひいてはアメリカ人の生活を守るため、そんな姿勢に目をつぶっていました。これは、長らくアメリカ合衆国がスーダンに経済制裁を課していながらも、「アラビアゴム」だけは対象外としていたことと同じ状況といえます。「アラビアゴム」がなければ、アメリカ人の大好きなコーラが作れませんから。

時は遡って2013年、オバマ米国大統領（当時）が、イランのハサン・ロウハニ大統領（当時）と電撃的に電話会談を行いました。1979年のイラン革命以来、初めてのことであり、米国・イランの両首脳が会談をするのは34年ぶりのことでした。

これに対してあまりいい顔をしなかったのがサウジアラビアでした。イランはシーア派イスラーム、一方のサウジアラビアはスンナ派イスラームをそれぞれ信仰する国民が多い国です。日本人は、イスラームの宗派の違いなどはほとんど理解していないわけですが、当人同士にとってみれば実にやっかいな問題です。

これまで経済制裁を受けていたイランからしてみれば、「原油の輸出先が増える！」と期待したわけですが、これに対してサウジアラビアは「ＯＰＥＣは産油量を増産する」と表明しました。つまり、**産油量を増やすことで石油価格を下げるということです**。イランからしてみれば、「おいおいおい！　やっと経済制裁が解けてこれから原油をたくさん輸出しようとしているのに、価格が下がるようなことをしてくれちゃって何なの!?」となるわけです。まるでイランの台頭を阻止するかのような決定でした。

そして、増産することで価格競争に持ち込み、アメリカ合衆国のシェールオイル産業を潰そうともしました。**シェールオイルの生産コストは非常に高いため、価格競争に持ち込めば打撃を与えられるだろうと考えたわけです**。

もちろんのこと、石油価格の低下はサウジアラビア自身への経済的打撃も大きいわけですが、相手が倒れるまで価格競争を続けるというのはある意味、賢いやり方なのかもしれません。そしてサウジアラビアにはそれだけの「体力」がありました。何といっても世界最大級の産油国であるだけでなく、人口規模が小さく輸出余力が大きい国ですから、原油

世界の上位3カ国の産油量の推移

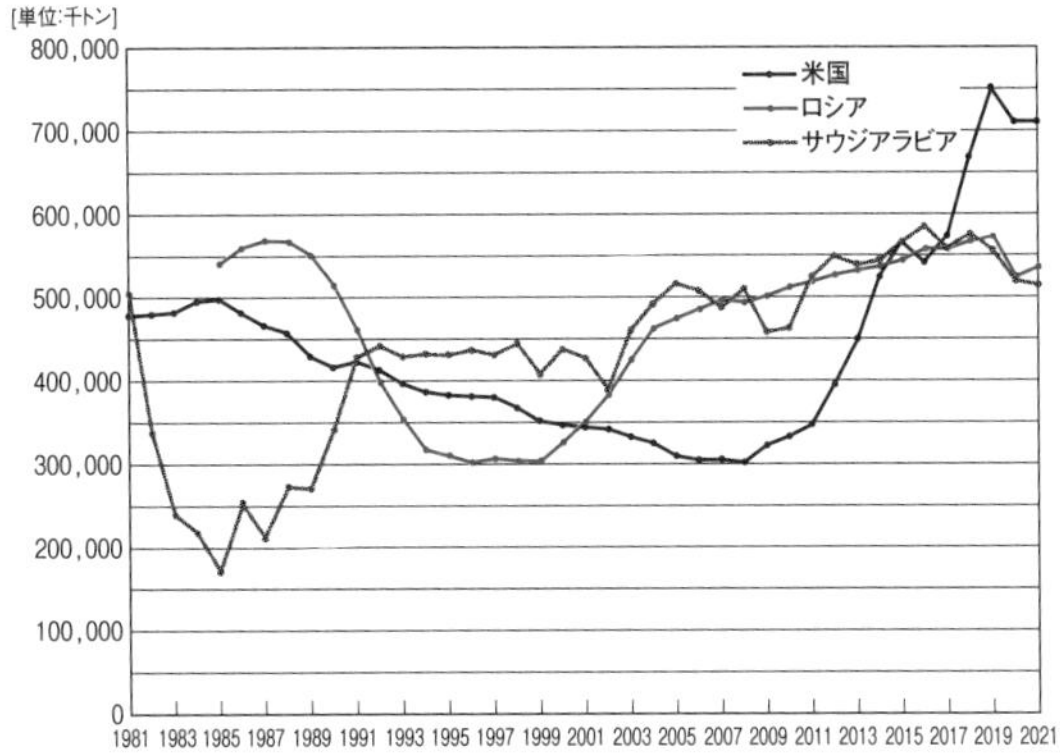

memo 特に2010年代の米国の伸びが著しい

出所：著者作成

の世界市場に与える影響は非常に大きいわけです。サウジアラビアがＯＰＥＣの盟主と言われる由縁《ゆえん》はここにあります。

しかし、**サウジアラビアには耐えられても他のOPEC加盟国も同様に耐えられるわけではありません。**アメリカ合衆国のシェールオイルの輸出が始まり、イランもまた原油輸出を再開するようになると、石油価格は暴落していきました。東京都区部のガソリン１リットルあたり小売価格の推移を見ると、２０１４年７月の１６８円をピークに、２０１６年３月には１０９円にまで下落しました。感覚的に２０１７年あたりまではガソリン価格が安かったように思います。

そんな中、２０１６年１月２日にはサウ

ジアラビアにおいて、テロに関与したという罪でシーア派聖職者ニムルを含む、47人が処刑されます。サウジアラビア国内での差別の撤廃を求めるシーア派のデモを支持し、支配階層のスンナ派を批判したことが罪に該当するとのことでした。

サウジアラビアとイランは宗派だけではなく、民族も異なります。サウジアラビアはその名の通り「アラブ人」、イランは「ペルシア人」がそれぞれ多数を占める国です。そのため、中東諸国においてイランの影響力が強まることへの反発が、大きな声にはなりませんが、潜在的に存在しているといえます。

こうしてサウジアラビアは「石油の価格競争」「シーア派聖職者の処刑」によって、アメリカ合衆国やイランとの関係を悪化させていきました。

OPECプラス

「自国の資源は自国の利益のために利用する」、そんな資源ナショナリズムを掲げて結成されたのが資源カルテルです。OPECといえば、1960年に結成された資源カルテルであり、日本語での総称は石油輸出国機構といいます。原加盟国はサウジアラビア、クウェート、イラン、イラク、ベネズエラの5カ国です。ちなみにベネズエラは世界最大の原油埋蔵国です。

2023年現在のOPEC加盟国は、原加盟国にアラブ首長国連邦、アルジェリア、ナイジェリア、リビア、アンゴラ、ガボン、赤道ギニア、コンゴ共和国を加えた13カ国です。OPECは、加盟国、つまり「仲間」を増やすことで産油量の世界シェアを上昇させ、価格支配力を持とうと考えています。

アメリカ合衆国やイランの原油輸出によって石油価格が下落すると、OPEC加盟国は産油量を減らすことで価格調整を行います。この合意が、2016年11月のことでした。そして、これに非OPEC加盟国が同調する姿勢を見せたため、石油価格が上昇していきました。このときOPECの動きに同調した非OPEC加盟国を加えて、OPECプラスと呼びます。

OPECプラスは、OPEC13カ国に加えて、ロシア、アゼルバイジャン、オマーン、カザフスタン、スーダン、バーレーン、ブルネイ、マレーシア、南スーダン、メキシコの10カ国が加わり、2019年7月より常設の集団となりました。

では、**OPECプラス内での足並みが揃っているのかといえば、それは「否」といえます**。まず、サウジアラビアとイランは相変わらず対立しているわけであり、さらに減産に「ノー!」を突きつけたインドネシアはすでにOPECから脱退しました。

また、それまで加盟国であったカタールは、イランとの関係を指摘されたことでサウジアラビアと国交を断絶し、OPECを脱退することとなりました。「お前、アラブ人なのに、なんでペルシア人と仲良くしてんの⁉」ということのようです。中東地域は、アラブ人以外は実に生きづらいのかもしれません。両国は2021年に国交を回復させています。

バイデン大統領、サウジアラビアへ行く！

いつの頃からか、「脱炭素社会」なんてことが言われ始めました。私は、「地球温暖化防止という偽りの大義名分を用いて電気自動車の普及を進めるのは、OPECに翻弄《ほんろう》されない世界を作ろうとしたため」と想像しています。そして、自ら言い出した脱炭素が足かせとなってドイツ経済は青息吐息《あおいきといき》状態となっています。

さらに、脱炭素は石油価格の高騰《こうとう》を呼び込み、さらにロシアによるウクライナ侵略がこれに拍車をかけました。これに対して、日本を含めた欧米諸国はロシアに対して経済制裁を行っていますが、目立った成果は上げられていません。それどころか石油価格はますます高騰の一途を辿っているため、OPECプラスに「ぜひ増産をお願いしたい！」と働きかけていますが、OPECプラスは聞く耳を持たないでいます。

2022年7月、ジョー・バイデン米国大統領が中東諸国を歴訪し、サウジアラビアのムハンマド・ビン・サルマン王太子に、「サウジアラビアとの関係改善」「原油増産」を働きかけたようですが、この歴訪が上手くいっていれば、今頃もうちょっとガソリン価格が安くなっていたかもしれません。

結局、**人類はまだまだ「石油」に振り回されている**ことは間違いないようです。

まとめ

- 20世紀が「石油の世紀」と呼ばれる理由は、交通手段の発達や産業の高度化によって石油が広く利用されただけでなく、「外交カード」としても利用されたから。
- 二度のオイルショックに始まり、中東情勢と石油価格は密接な相関関係を示しており、結局21世紀も、石油が世界を揺さぶる力を持つことが示されている。

3-5 リチウム需要が高まる今、世界の産出状況とは？

海水を持ち上げた造山運動

「脱炭素」が叫ばれて久しい現代世界ですが、これを達成する一つの手段として電気自動車（ＥＶ）の普及が進められています。

ＥＶ用バッテリーの原材料の一つにリチウムがあります。現在、リチウムの世界最大の産出国はオーストラリアであり、その割合は82・7％（２０２１、アメリカ地質調査所）と独占状態です。リチウムは海水にも含まれていますが、密度が低いため商業ベースに乗せられるだけの抽出量は今のところ期待薄のようです。オーストラリア以外に、

ポイント

- 電気自動車の普及により、リチウムの需要が増大している
- オーストラリアはリチウムの産出量で圧倒的な世界シェアを占めている
- 未来に起こりうるリチウム争奪戦を前に、各国でリチウムに対する資源ナショナリズムが高揚しつつある

ウユニ塩原

memo 天空の鏡と言われるほどの美しさ

出所：著者撮影

今後リチウムの産出が拡大しそうな地域として南アメリカに注目が集まっています。

南アメリカ大陸西部を縦断するアンデス山脈は、西側のナスカプレートと東側の南アメリカプレートが狭まることで造山運動《ぞうざんうんどう》が起きました。造山運動によって隆起《りゅうき》するさいに、かつて海だった場所が海水と一緒に隆起したため、ペルーからボリビアにかけて数多くの塩原《えんげん》が存在します。

ボリビアといえば、ウユニ塩原が有名です。そして、このウユニ塩原の地下にはリチウムの埋蔵が確認されていて、ボリビア政府によれば、その量は世界のリチウム埋蔵量のおよそ70％を占めるとのことです。

この主張からは、リチウムの経済利用を進めたいボリビア政府の意図が見え隠れするのですが、一方で地域住民からすると、リチウム採掘による環境破壊を心配する声が上がっています。

ボリビア、チリ、アルゼンチンを結んだ地域は「リチウムトライアングル」と呼ばれていて、リチウム埋蔵量の豊富な地域として知られています。

躍進する中国系自動車企業

「マインライフ」という資源用語があり、これは「資源が枯渇《こかつ》するまでの操業期間」のことで、つまり「鉱山寿命《こうざんじゅみょう》」という意味です。「リチウムトライアングル」と呼ばれる地域は、このマインライフが非常に長いと考えられており、世界のEV製造企業が、このリチウムトライアングルにて採掘権を獲得しようと躍起になっています。特にチリでは、2022年1月に中国系自動車企業がアメリカ系自動車企業の4倍以上もの価格でリチウム採掘権を落札しました。しかし、これに対して先住民による街頭デモが起き、現地の水源に与える影響への懸念が強まりました。これを受けてチリの最高裁判所は国際入札の手続き停止を命じました。それは、入札からたったの2日後のことでした。

2010年に中国が対日レアアース輸出を禁止したことを思い出しても分かる通り、中国はレアアース埋蔵量が豊富であり、それを「外交カード」として活用できるほどの国で

世界のメーカー別、EV生産台数

順位	自動車会社	2022年	2021年	成長率
1	BYD	1,858,364	598,019	211%
2	Tesla	1,314,319	936,247	40%
3	VW Group	839,207	763,851	10%
4	GM (incl. Wuling Motors)	584,602	516,631	13%
5	Stellantis	512,276	381,843	34%
6	Hyundai Motors (incl. Kia)	497,816	348,660	43%
7	BMW Group	433,164	329,182	32%
8	Geely Auto Group	351,356	99,980	251%
9	Mercedes-Benz Group	337,364	281,929	20%
10	Renault-Nissan-Mitsubishi Alliance	335,964	289,473	16%
11	GAC Group	287,977	125,384	130%
12	SAIC Motor Corp.	256,341	237,043	8%
13	Volvo Cars	253,266	220,576	15%
14	Chery Auto Co.	253,141	107,482	136%
15	Changan Auto Co.	245,555	105,072	134%
16	Other (41 companies)	1,927,211	1,326,262	45%

memo 中国系メーカー（赤色）の躍進が際立っている

出所：「世界のEV生産台数、BYDがテスラを超える｜中国EVメーカー恐るべし」（株式会社オートリーゼンHP）

す。そして、ＥＶ製造に必要なレアアースを国産で賄うことができるため、海外自動車企業と比較しても安価で販売することが可能です。「地球温暖化防止！」を叫び、「脱炭素」を目指して、ＥＶの普及を目指そうとしたＥＵ諸国ですが、それによって**中国系自動車企業に席巻《せっけん》されているのは実に皮肉なものです**。

表は、２０２２年のメーカー別ＥＶ生産台数の順位です。赤色で示しているのが中国系自動車企業であり、そのほとんどが前年を大きく上回っているのが分かります。それだけに、リチウムイオン電池（LIB）の需要はさらに高まることは間違いありませんが、中国のリチウム産出量の世界シェアは3・1％しかありません。そのため、中国が世界のリチウムを買い漁り、ますますリチウム争奪戦が激しくなっていく未来が見えます。

資源ナショナリズムの高揚

新しい技術によって社会がより良いものへと昇華《しょうか》していくことは、大変素晴らしいことです。しかし、それにはその技術を具現化するために必要な原材料の安定供給が必要です。そして、**その原材料が埋蔵されている地域に住む住民こそが代償を払っていることにまで、想像がおよぶ人はなかなかいません。**

ボリビアとメキシコは、リチウム産業を国有化したことで知られています。「自国に存在する鉱産資源を、自国の経済発展のために利用する」という、資源ナショナリズムが根底にあるといえます。また、チリの鉱業大臣は「リチウムはエネルギー転換に向けた戦略的資源である。我々はリチウム採掘のノウハウを持っていないが、民間企業と合弁事業を行う場合でも、過半数の支配権を要求する」と述べていることからも、資源ナショナリズムが見てとれます。

最近のオーストラリアでは、それまで石炭を採掘していた鉱山従事者がリチウムを採掘するようになっており、2021年の産出量は2016年比で3・8倍となっています。しかし、オーストラリアは「国家安全保障上の懸念」を理由に、中国によるリチウム開発の新規投資を最近になって禁止しています。

そうなると中国が向かう先は、南アメリカ、そしてアフリカであることは容易に想像できます。ボリビアやメキシコはすでにリチウムの国有化を進めていますし（ボリビアは鉱産資源すべてを国有化している）、チリも先述のように国有企業との連携を義務づけています。

そして**「リチウムトライアングル」の三カ国は、リチウムカルテルを結成することについて協議を始めました**。また、アフリカのジンバブエは2022年12月に加工前のリチウムの輸出を禁止し、外国企業によるリチウム加工はジンバブエ国内に限定すると定めています。

オイルメジャーの登場によりエネルギー革命が起き、石炭から石油へとエネルギーの中心がシフトしたからこそ、OPEC（石油輸出国機構）のような資源カルテルが誕生したわけです。このことから、**EVの生産、普及が進むほどにリチウムカルテルが結成されるのは必然といえます**。「資源」を武器にして、世界情勢における存在感、そして発言力を高めようとする姿勢こそ、グローバルサウスの方向性なのかもしれません。

まとめ

- リチウムはオーストラリアが主要産出国であるが、南アメリカ大陸のリチウム埋蔵も注目されている。
- 中国系自動車企業によるEV生産が成長し、リチウム資源を巡る競争が激化。各国では資源ナショナリズムが台頭しており、リチウムカルテルの結成も協議されている。

第4章

地理学的視点で「投資」を読む

4-1 バングラデシュで日系企業がバイクを作る理由とは？

ポイント

- 近年のバングラデシュではバイク需要が拡大し、その需要を取り込むために外国企業が進出している
- しかし、バングラデシュへの進出にはある「懸念材料」があるようだ

バングラデシュ人と過ごした日

私はこれまで、数多くの海外旅行を経験してきました。初めて訪れた海外はパラオ共和国、大学生となったかつての生徒たちと訪問しました。今となっては、15回もパラオを訪れていますので慣れたものですが、この時は遠くまで続く透き通った青い海、低い雲、はるか彼方に見える地平線、すべてが感動を与えてくれました。そんなパラオで出会ったバングラデシュ人がいました。「貸し切りビーチで一日過ごす」という体験のガイドをしてくれたのが彼でした。

バングラデシュ人のほとんどがイスラームを信仰しており、彼

もまたムスリムでした。その日は、ちょうどラマダンだったこともあり、日の出から日の入りまでは飲み食いはしないわけですが、そんな中でも、仕事とはいえ、我々のために肉や魚を焼き、楽しんでもらおうと一生懸命にもてなしてくれました。

我々一行はお礼の意味を込めて、ＢＢＱで食べ切れなかった食材と少しのチップを彼に渡したのですが、その時に渡したチップは50米ドル。時は２０１１年、その時のバングラデシュの一人あたりＧＮＩ（国民総所得）が９６６米ドルでしたので、12で割ってみると、月給……、とまではいかずとも、彼にしてみれば結構な額のチップだったかもしれません。２０１１年は１米ドルがおよそ80円でしたので、我々からしてみれば６人で４０００円という感覚でした。

そんな**バングラデシュと日本が国交を樹立したのは１９７２年のことです**。それから50年以上が経過しました。

バングラデシュの地理情報

バングラデシュは、南アジアに位置する国です。**国土のほとんどが低平な土地**なのですが、それはガンジス川が作り出した三角州（デルタ）に位置しているからです。首都ダッカの標高は、たった２ｍしかありません。それでいて、雨季になるとガンジス川が氾濫し、また沖合のベンガル湾からやってくるサイクロンなどの影響もあって、とにかく水害に悩まされる国です。バングラデシュは1971年にパキスタンから独立しました。

翌年には日本が国家承認したことで、国交が樹立されました。2022年には日本とバングラデシュの国交樹立50周年を迎え、両国は戦略的パートナーシップの強化を宣言しています。2021年のバングラデシュの一人あたりGDP（国内総生産）は2450米ドル（国連統計）となっていて、1990年263米ドル、2000年352米ドル、2010年829米ドルと順調に経済成長を続けています。特に2010年代に入ってから経済成長が加速しています。とはいえ、2022年における首都ダッカのローカルフードの値段を見ると、チキン75円、ハンバーガー60円、シンガラと呼ばれる揚げ物15円となっており、ローカルフードとはいえ、価格帯を見れば、まだまだ経済発展はこれからであることが分かります。一人あたりGDPの成長とともに、**バングラデシュは産業の高度化が現在進行形です**。

人口規模（国際連合）を見ると、1990年1億7115万、2000年1億2919万、2010年1億4839万、2022年1億7119万と増加傾向が続いています。1990年に4・48だった合計特殊出生率（世界銀行）は年々減少傾向にあり、2021年には2・00を下回り1・98となっていますが、死亡率が、1990年の11・73‰から202

バングラデシュの1960年、1990年、2020年の人口ピラミッド

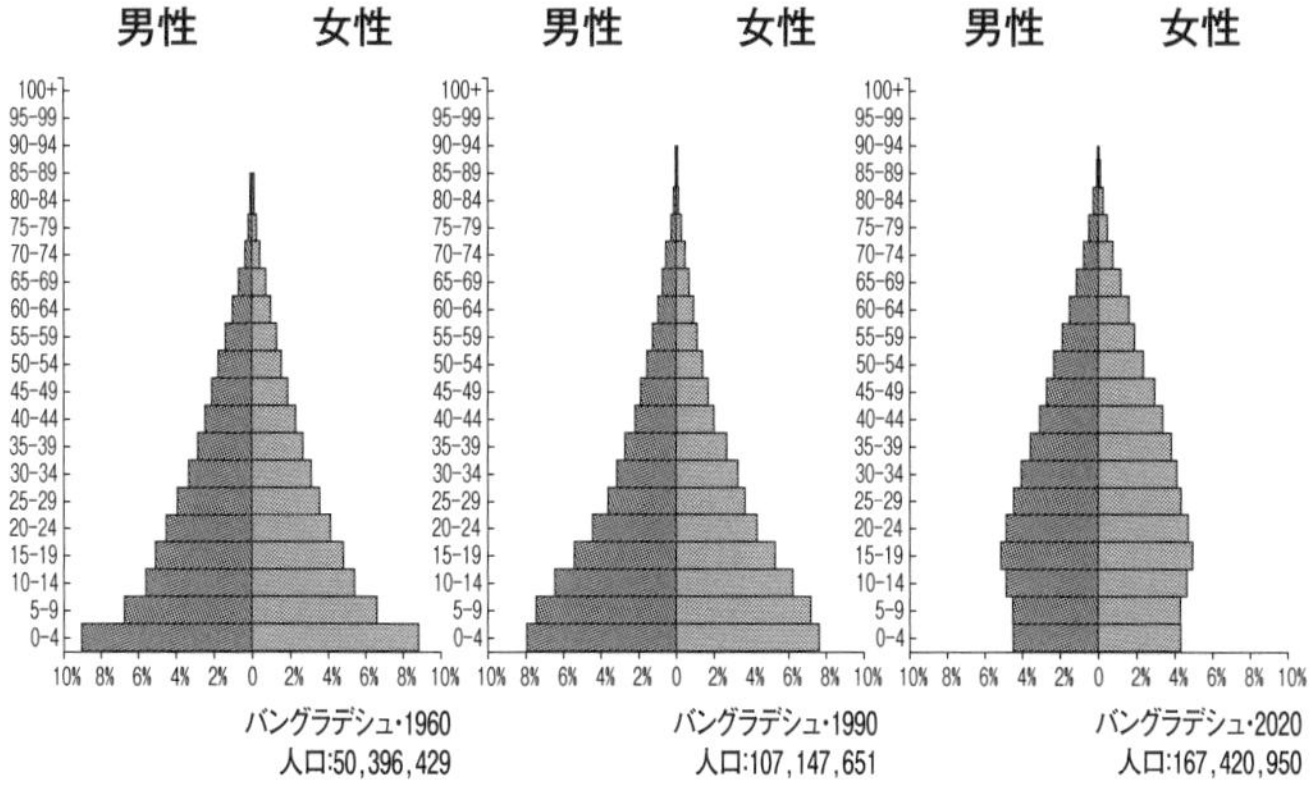

memo 2020年は裾野が狭くなっている

出所：PopulationPyramid.net

1年には5・68‰まで減少しており、これからも人口増加が続くだろうと考えられています。

　人口ピラミッドを見ると、富士山型から釣り鐘型への移行期にありますので、こういう人口動態を示す国は中間層が増えていく時期であり、市場に活気があるものです。今後は、**特に中間層の拡大が期待されていて、この需要をいかにして取り込むか、外国企業にとって大きな注目の的となっています。**

　バングラデシュの輸出統計（2022年）を見ると、最大の「衣類」の割合が85・0%、次いで「繊維と織物」（2・6%）、「履物」（1・9%）となっていて、縫製業が主力産業である

ことが分かります。バングラデシュ政府としては自動車や機械類といった工業製品の製造を主力にしていきたいと考えているようで、外国企業の誘致を急いでいます。

拡大するバイク市場

現在のバングラデシュは、**「車は憧れ、バイクは手が届く」といった生活水準にある国民が多く、バングラデシュのバイク市場を取り込むべく外国企業の進出が目立ちます**。バングラデシュのバイク市場で最大のシェアを持つBajaj Auto Limited社、それに次ぐHero MotoCorp社はどちらもインド系企業です。インド系2社を追いかけるのが、日本から進出しているホンダです。バングラデシュでは、バイクの保有台数は2014年には9万台でしたが、海外企業の進出によって年々増加傾向にあり、2021年には37万5000台にまで急増していて、さらなる市場の拡大が見込まれているわけです。

かつて、人の移動では人力車が活躍していましたが、現在ではバイクによるライドシェアが主流となっていて、一日2200～2500円くらいの収入になるとのことです。そのため、100cc前後のバイクが売れ筋商品となっています。

ホンダは2018年にムンシゴンジ県アブドルモネム経済特区にバイク製造工場を建設しました。工場の組立能力は10万台としていて、2021年までに20万台に増やす計画でした。新工場建設のためにおよそ10万平方mの土地を購入して、投資額はおよそ32億円です。2022年現在、およそ800人の従業員が働いています。ホンダのバイク生産はコンプリートノックダウン方式（以下、CKD方式）です。**CKD方式とは、部品、または半製品の状態で輸入して、現地で組み立てて販売する方式です**。CKD方式で使う部品のほとんどが、インドやインドネシアからの輸入品となっています。

バングラデシュは先述の通り縫製業が主力産業であるため、自動車や機械類といった工業製品の生産拡大を目指しています。しかし、まだまだ国際競争力を持てるほどの技術水準にはないため、**外国企業を誘致して、まずはバイク産業の発展を目指そうとしています**。つまり地場産業の育成を図りたい意向があるわけです。そこで、バイク部品の現地生産化を進めるべく、部品の現地調達を行う外国企業に対して税制優遇を与えることで活動を後押ししています。ホンダもこうした税制上の優遇制度を活用すべく、塗装や溶接など簡易な作業を自社工場で行い、輸入資材を部品に加工してバイクの生産を行っています。

製品やサービスを特定の国や地域の市場に合わせて適応させること、これをローカライゼーションといいますが、ホンダのバングラデシュでのバイク生産はまさしくローカライゼーションといえます。ローカライゼーションという概念は経済のグローバル化が進む現代世界においては、海外進出企業にとって必要不可欠な要素となっています。

しかも、バングラデシュの賃金水準の低さからして、まだまだ人的労働力の方がロボットなどを活用するよりも低コストで生産できているようです。そして、その人的労働力が豊富に存在するのがバングラデシュの利点ともいえます。しかし、日本の生産方式に精通した経験値の高い現地従業員の育成という課題もあります。

現在はCKD方式によるバイク生産が主流ですが、**将来的には部品を供給するサプライヤーが育ち、部品の現地生産化が進めば、さらに安価でバイクの生産が可能**となり、バイクの販売台数が伸びると期待されています。

そんなサプライヤーの進出を後押しする動きも見られています。首都ダッカから東におよそ20㎞、車でおよそ1時間の好立地にバングラデシュ経済特区（BSEZ）の開発が進められています。開発を進めているのは、日本の住友商事とバングラデシュ政府機関です。つまり、工業団地を建設するということです。

しかし、工業団地の建設には社会資本が整っていることが前提です。バングラデシュでは、まだまだ電気、水道、ガス、道路といった社会資本が整っていないところが多いようですが、近年は、円借款《えんしゃっかん》によって社会資本整備が急速に拡大しています。こうしたことが後押しとなり、BSEZが今後のバングラデシュの経済発展の行方を担う製造拠点となるよう開発が進められています。

BSEZの位置

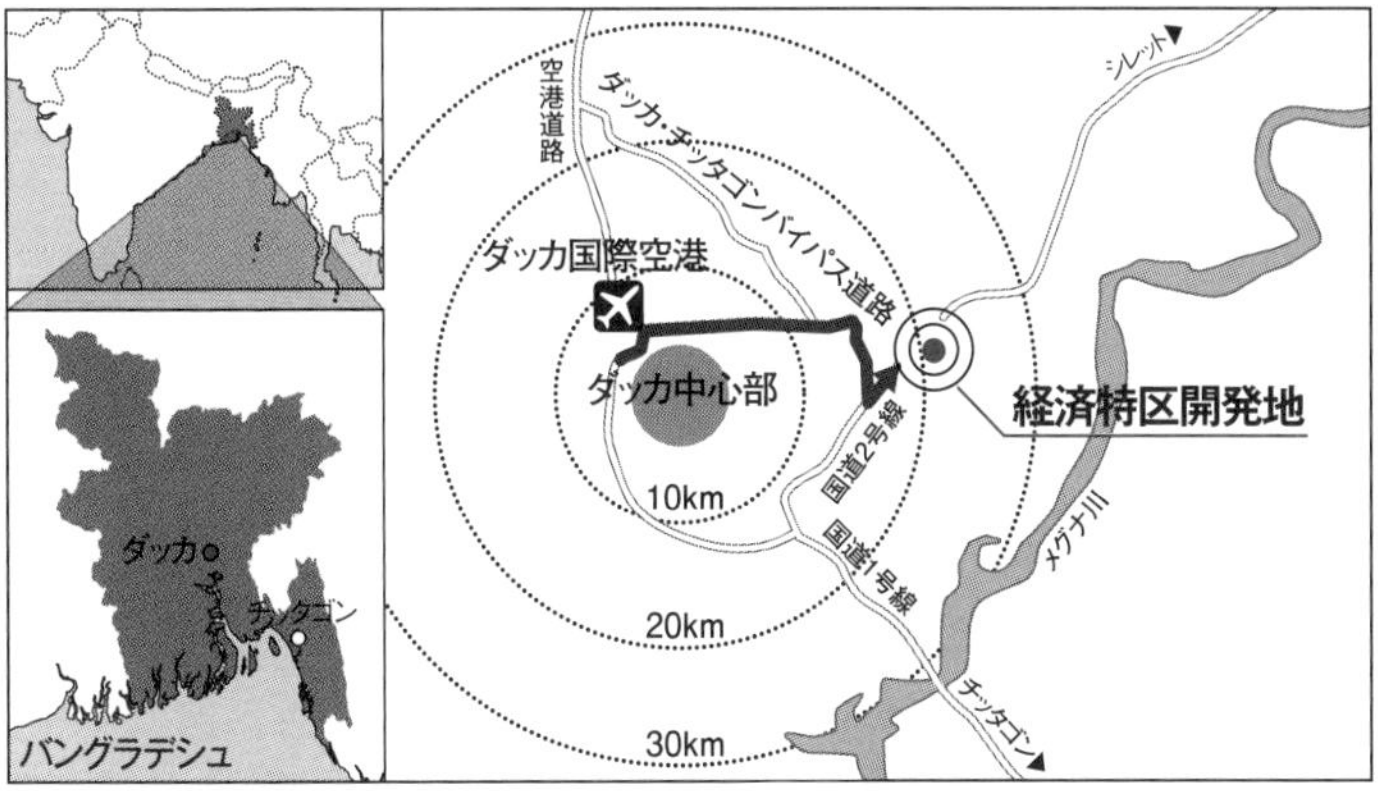

memo　首都ダッカからおよそ20㎞圏に位置している

出所：日本貿易振興機構「地域・分析レポート：住友商事に聞く、経済特区開発の今（バングラデシュ）」（2021年9月17日）

また、煩雑《はんざつ》な行政手続きの申請を一括で行えるワンストップサービスセンター（OSSセンター）の設置も決まったことで、日本企業の進出に必要な条件が揃いつつあるといえます。

ある懸念材料とは？

「社会資本が整った！」「工業団地の建設が始まった！」「行政手続きも簡単になる！」、バングラデシュにおける経済活動は順風満帆のように見えますが、そこには「ある懸念材料」があるといいます。

それは先述の水害リスクです。5－4に詳しいですが、元々**バングラデシュは「一発のサイクロン」がきっか**

けとなってパキスタンから分離独立した国です。そこでBSEZの敷地の境界では土砂が大きく盛ってあり、実に5・5mもの堤防が建設され、水害リスクに備えた造りとなっています。8コースの25mプール50杯分もの土砂が休みなく供給され堤防を築いたそうです。

日本企業による開発ですから、国際水準の社会資本で整備された経済特区であること、OSSセンターを通じた政府支援を受けられること、BSEZ進出企業は法人税の減免措置が受けられることなど、日本企業の進出に関する障壁は小さいといえます。日本人が汗水垂らして働いたことで、バングラデシュの経済成長の夜明けを見ることができるかもしれませんね。

まとめ

- 日本のホンダが現地でバイクを生産し、CKD方式を採用しているため、部品の現地生産化が進められる可能性がある。
- バングラデシュ政府は外国企業を誘致し、税制優遇の提供、工業団地の建設、社会資本の整備などを進めている。しかし、水害リスクが依然として懸念材料となっており、堤防などの対策がとられている。

4-2 トヨタ自動車が進める「全固体電池」って何？

電気自動車ばかり作れば良いってものではない？

ヨーロッパ方面から、突如として「次は電気自動車（EV）だぜ！」という声が聞こえてきました。理由は「地球温暖化防止！」を目的とした、未来への布石《ふせき》を打とうというものです。しかし、その声が聞こえてきてからある程度の時間が経過し、様々な疑問が顕在化《けんざいか》してきました。

時代が変われば、その時代を支配するために必要な要素は変わるものです。だからこそ、長らく世界を支配してきたヨーロッパ諸国の影響力は、すでに現代世界においては

ポイント

- 最近では、「地球温暖化防止」を大義名分として、リチウムイオン電池を積んだ電気自動車の生産台数が増えている
- しかし、リチウムイオン電池とは別の電池の開発を行い、それを搭載した電気自動車の生産を開発している企業が日本には存在している

縮小傾向にあるわけです。もはや、「過去に世界を席巻《せっけん》した」という誇りだけで生きているのであって、だからこそ「ゲームチェンジ」を仕掛けて、自分たちの優位性を維持しようとしています。

つまり、単に「OPECプラス」にエネルギー流通の主導権を握られたくないわけで、EVを利用して「これこそが地球環境への負荷を小さくするんだぜ！」と豪語しているわけです。いわば「地球温暖化防止！」を御旗《みはた》に掲げているかのごとくです。

だからなのか、トヨタ自動車の豊田《とよだ》章男《あきお》会長が、社長職に就いていた時代に、「**電気自動車ばかり作れば良いってものではない**」と仰っていました。私ごときが言うのもなんですが、「さすが！」と思いました。

そんな私はこれまで車を3台購入したことがあり、すべてがトヨタ車ですが、だからといってそう思っているわけではありません。トヨタ車が好きなだけです。

全固体電池って何？

ほとんどのEVにはリチウムイオン電池が使用されていて、リチウムの産出量はオーストラリアが世界最大です（**3－5**参照）。しかし、物理的な目線で見ると「エネルギー密度が高く、急速な放電、充電が可能であるが、発火や破裂の事故が後を絶たない」といったことがあります。確かに、近年は供給量の増大で価格の低下が見られるようですが、発火の危険性はなかなかクリアできるものではありません。飛行機に搭乗するさい、「リチウムイオン電池は預け荷物としてはならない」という約束事があるのはそのためです。

アメリカ合衆国のゼネラルモーターズ（GM）は、リチウムイオン電池の発火に関連した製造上の欠点を修正するため、電気自動車「シボレー・ボルト」のリコールを行ったことがあります。その数なんと14万2000台、2021年8月のことでした。結局、同車は無期限で販売を停止するに至りました。**自動車製造会社としても、リチウムイオン電池の発火は大きなリスクとなっているようです**。

一方、トヨタ自動車は実用化が難しいと考えられている全固体電池への技術投資を進めています。全固体電池とは、リチウムイオン電池と違って電解液《でんかいえき》を使用せず、正極と負極との間の固体電解質がセパレーターの役割を果たす電池のことです。リチウムイオン電池が電解質に可燃性液体の有機系溶剤を用いるのに対し、全固体電池は無機系の固体電解質を使います。**全固体電池は、充電時間の短縮が望めるほか、リチウムイオン電池のような発火の危険性が小さく、液漏れが起こらず、劣化しにくいというメリットがあります**。

一言でバッテリーとはいっても、電池として機能する部分が裸で入っているわけではなく、電池として機能する部分と、これを入れるガワとを合わせてバッテリーというモ

リチウムイオン電池（左）と全固体電池（右）

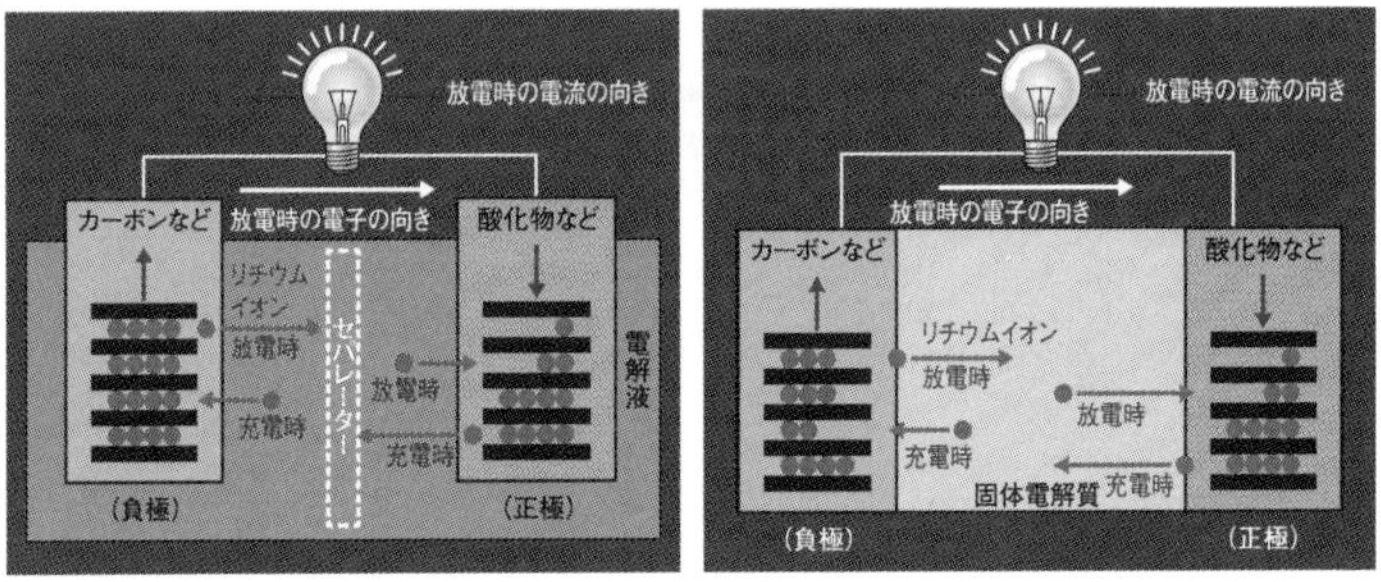

memo 全固体電池は省スペース化が期待できる

出所：「全固体電池」をやさしく解説、従来の電池との違いや種類・トヨタらの実用例は？（ビジネス＋IT）

ジュールが形成されます。発火の恐れがあれば、そのさいに出た煙の排気についても考慮する必要がありますが、全固体電池は液漏れによる発火の心配がないという利点がありますので、バッテリーのガワで発火を考慮する必要がないといえます。発火のさいの煙を排出するための経路を作るのであれば、煙が通る「正常時は使わない無駄な空間」を用意する必要がありますが、これも不要となるため、省スペース化が見込めます。

また、バッテリーパックの冷却システム、発煙や発火時の排気システムなどを簡素化して体積エネルギー密度を高めることができるので、これをEVに搭載すれば航続距離を伸ばすことが期待されます。**特に「安全性が高い」というメリットは大きな魅力となります**。

もちろんデメリットもあって、電極と電解質の界面抵抗《かいめんていこう》が大きいため、電池として出力を上げにくいというものですが、これは将来的には克服される可能性があるとのことです。全固体電池には薄膜《はくまく》型とバルク型があります。薄膜型はすでに実用化されていて、ウェアラブル端末やＩｏＴ製品を対象とした量産体制を目指す企業が日本にも存在しています。マクセルや村田製作所が有名です。

しかし、バルク型は高い導電率を示す固体電解質の開発、そして界面形成が容易な固体電解質の開発が困難であるといわれています。固体であるがゆえに、イオンを高速で伝導させることが難しいようです。そして、全固体電池の技術は今のところはコスト高であり、大量生産による価格の低下まではまだまだ時間がかかりそうとのことです。

そのときは、いつやってくるのか？

ヨーロッパの自動車製造会社の多くは、新興企業に投資して、バッテリーの大量生産を目指していますが、トヨタ自動車は全固体電池の「自社開発」を進めています。コンサルティング会社アリックスパートナーズの試算によると、バッテリー新興企業数社が受けている投資額はおよそ２２４０億円（２０２１年10月）にのぼるとのことで、この投資額はそれ以前の一年間で40％増となっていました。

実際に、2021年9月にドイツ・ミュンヘンで開催された国際モーターショーにおいて、BMWのCEOが「次の技術が登場するとすれば、それは全固体電池だと考えている」と述べています。**問題は、「大量生産が可能になるのはいつなのか？」ということです。**「大量生産の目処が付いた！」との発表があった途端、関連銘柄の株価が爆上がりするのかもしれません。

そして、それは実際に起きました。2023年6月13日、自身のオウンドメディア「トヨタイムズ」にて、次世代技術を一挙に公開しました。そこで全固体電池について「2027～28年の実用化にチャレンジする」との計画が発表されると、株価が一気に急騰しました。

トヨタ自動車は何かと「電気自動車の生産に消極的である」と評されることが多かったように思いますが、ガソリン車と平行して電気自動車の開発も行っています。拙速にリチウムイオン電池を主力と考えていないだけのことです。

さらに2023年10月12日、全固体電池の量産化へ向け、トヨタ自動車と出光興産が協業を始めることが発表されました。2027～28年に投入予定の電気自動車での実用化を目指します。これに対して、トヨタ自動車の佐藤恒治社長は「企業間競争という視点ではなく、日本の産業が、いかにして国際競争力を高めていくかが重要である」と述べています。

「クルマの未来を変えていく」、常々、トヨタ自動車が掲げていることですが、これには自動車産業とエネルギー産業の連携が必要です。トヨタ自動車と出光興産の協業発表は、それが結実したものといえます。

日本企業は、どんなに理不尽なルール変更を迫られてもそれに最適化した仕組みを作り出します。そうやって技術力を高め、蓄積してきました。安易に相手と同じ土俵に上がらず、上がるふりをして、見えないところで刀を研ぐのが日本人の気質なのかもしれませんね。

まとめ

- 全固体電池とは、液体電解質を使用せず、発火のリスクが低く、劣化が少ない電池のことである。また、バッテリーの冷却や排気システムなどを簡素化でき、省スペース化や高い安全性が期待できる。
- 全固体電池の実用化は進行中で、トヨタ自動車は2027〜28年に電気自動車での実用化を目指している。

4-3 東南アジアに回廊を作りたい中国の思惑とは？

中国の「一帯一路」構想

みなさんは、中国とラオスを結ぶ、中国ラオス鉄道なる延長距離422・4kmの鉄道路線が存在するのをご存じでしょうか？　実はこの路線が開業したのは2021年12月3日のこと、まだ開業からそれほど時間が経っていません。ちなみに、422・4kmの距離は、東京から兵庫県神戸市、または岩手県北上市くらいまでの距離とほぼ同じです。

中国ラオス鉄道の建設は2016年に始まり、完成まで丸6年の歳月を要しました。**この路線は中国の「一帯一路」構想の一環として建設されたものでした。**私は個人的には、「一

ポイント

- 中国の「一帯一路《いったいいちろ》」構想の「一路」は海路によって東アフリカへと接続するもの。インド洋への進出を容易にするためにも、中国はあらゆる回廊を作ろうとしている
- そこで中国は、近隣諸国と自国を鉄道で結ぶ路線を建設した

中国の「一帯一路」

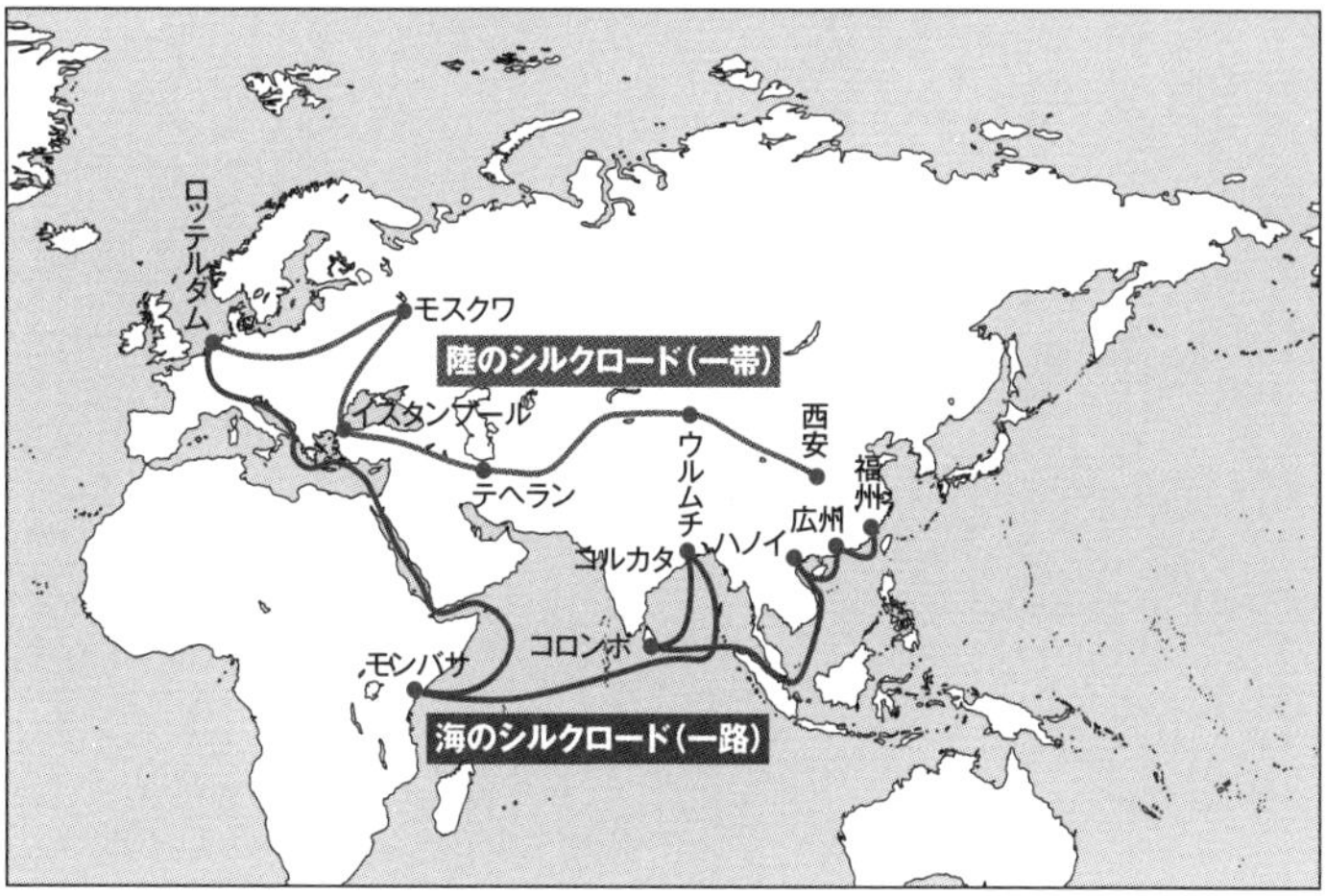

memo 中国の狙いは最終的には太平洋？

出所：著者作成

帯一路」は「21世紀型植民地支配」であるという印象を持っています。

中国が掲げている「一帯一路」構想とは、「一帯（シルクロード経済ベルト）」が陸路、「一路（21世紀海上シルクロード）」が海路を表しています。それぞれのルートは図に示した通りで、「一路」については、中国から東南アジアを経て南アジア、アフリカ大陸東部にいたる範囲とされています。

中国としては「周辺諸国の経済水準を引き上げ、巨大な経済圏を作らんとす！」といったところであり、中国の人民元を基軸通貨とする、中国を中心とした巨大経済圏の確立を目指しています。しかし、2022年5月にスリランカが債務不履行に陥ったことで、この「一帯一路」構想が中国の目指す周辺諸国の経済水準の引き上げに貢献しているかは、今のところ甚だ疑問が残る結果となっています。

元々スリランカが自業自得に近い形で経済が停滞していたところに、「救いの手を差し伸べる」という表向きの理由で中国から巨額の資金が貸し付けられたことが発端であり、中国の貸し付けはスリランカのような政治的、経済的に不安定な国を標的としているきらいがあります。

つまり、**中国への経済的依存度を高めさせることで、経済的な自立を失わせる**。だからこそ「21世紀型植民地支配」といった様相に思えるわけです。

中国ラオス鉄道開業

実は、中国ラオス鉄道の建設は、ラオスの長年の夢だったといわれています。旧フランス領時代に、国土南部のチャンパーサック県にあるコーン島とデッド島を結ぶ、たった4・5㎞の鉄道がありました。こちらはすでに運行されておらず、ラオスには鉄道そのものがない状態でした。

ちなみに、ラオスは内陸国ですので、ここでいう「島」とはメコン川に形成された「州

（土砂の堆積で陸地化したもの）」のことです。フランス・パリ市内を流れるセーヌ川に出来た「シテ島」、福岡市の那珂川《なかがわ》に出来た「中州《なかす》」などと同様です。

ラオスが中国と鉄道建設に関する交渉を始めたのは2001年のことでした。2010年にはラオス（運輸省）と中国（鉄道部）によって覚え書きが交わされ、ラオス政府は中国輸出入銀行から政府保証によっておよそ70億ドルを30年の特別融資で借り入れることが決まります。最初の10年間は元本返済免除であり、金利は2％と設定されました。

中国では中国輸出入銀行を含めて、中国農業発展銀行、国家開発銀行の3つが政策融資を担っています。元々、中国ラオス鉄道は2014年に完成予定でした。しかし、中国国内の汚職事件が原因で建設計画は延期され現在に至ります。当初は、「中国の『債務の罠』なんじゃない？」といった疑念があったようですが、鉄道建設を悲願としていたのはラオスであり、先述のようにラオスからの強い交渉によって建設が決まった背景があります。さらに、これを中国が「一帯一路」構想の一環として重視していたことも建設の後押しとなりました。

先述のように**ラオスは内陸国であり、国土のほとんどが山岳地帯となっています**。こうした地勢では地の利が得られることはほとんどなく、また内陸国であるため貿易にも不利な地理的位置にあります。また東隣のベトナムとはアンナン山脈で隔てられていることも

中国ラオス鉄道が各国の鉄道網に接続されてシンガポールまで延伸したと仮定した場合

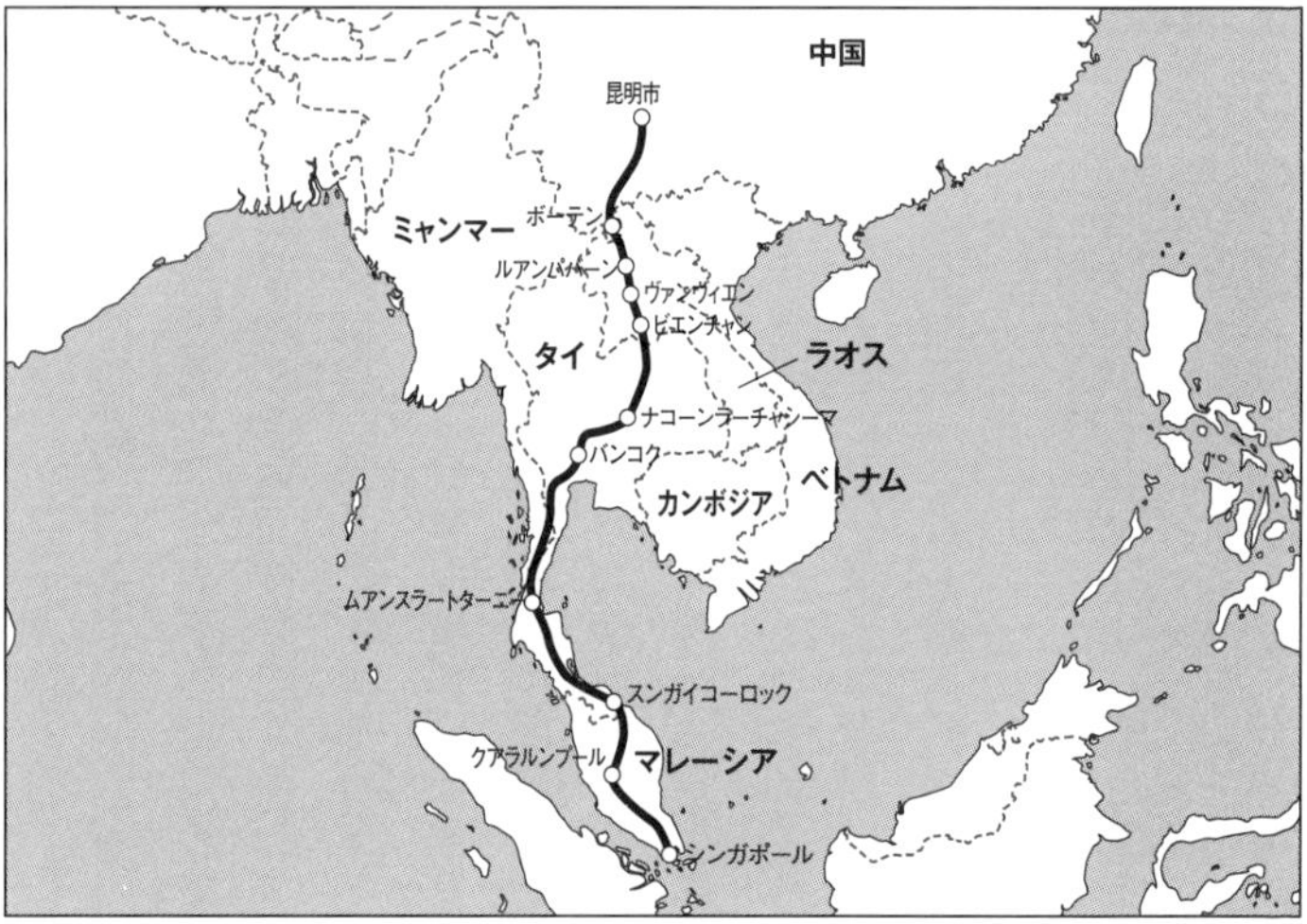

memo 中国は、シンガポールをインド洋に出る拠点と考えている？

出所：著者作成

あり、人的・経済的交流がままなりません。

　こうしたことを背景に、ラオスは国内を南北に結ぶ長距離鉄道の敷設《ふせつ》は悲願だったと考えられます。中国ラオス鉄道は、首都ビエンチャンからラオス北部のボーテンまで結ばれ、さらに中国・昆明（クンミン）に接続されました。これまでビエンチャンからボーテンまではバスなどを利用して1日がかりでしたが、**鉄道利用にて3時間半に短縮されました**。

　この中国ラオス鉄道はタイ

やマレーシアの鉄道網に接続し、さらにシンガポールにまで延長する計画があるそうです。中国・昆明からシンガポールまで鉄道が繋がったと仮定した場合の路線図が右の図です。

この路線は、2006年に国連アジア太平洋経済社会委員会（ESCAP）が採択した「アジア横断鉄道ネットワークに関する政府間協定」によって、東南アジア大陸部を南北に結ぶ鉄道建設が構想されことが発端です。さらに2011年にはASEANの「ASEANコネクティビティー・マスタープラン」の策定によって、中国の昆明からシンガポールまでを鉄道で結ぶ「シンガポール・クンミン鉄道網」の建設が計画されました。

また中国ラオス鉄道はラオス南部にまで延伸し、それぞれの拠点駅からベトナムの各都市へと延伸する計画があって、**アンナン山脈で隔てられているラオスとベトナムを鉄道で連結する未来を描いています**。

中国がくしゃみをすれば、ラオスが風邪を引く？

ラオスは内陸に位置していて、ほとんどが山岳地帯という地勢であるため、経済発展の道は隣国と鉄道で接続することにあると考えています。ラオスと中国との貿易量が増えるだけでなく、ASEAN各国との貿易量が増えることも期待されています。つまりシンガポールやマレーシア、タイといった東南アジアの中でも経済力のある国から中国へ運ばれる貨物量が増大することで、通過するラオスへの恩恵が生まれるということです。

こうなると、次に考えるのは「関税」と「非関税障壁」です。実際、2020年10月になると中国はラオスに対して8256品目、実に全貿易品目の97%を非関税とすることで合意しました。もはやラオスと中国との二国間FTA（自由貿易協定）が結ばれたようなものです。

当然、タイも同様に中国への農産物輸出の拡大を狙っています。特に果実類に関しては高鮮度保持が重要であるため、それまでのトラック輸送よりも短時間で輸送できる鉄道への期待度が高いことはいうまでもありません。実際、タイは中国へドリアンを57万5000トン（2020年）輸出していますので、中国ラオス鉄道の開業で、こうした輸出が拡大していきそうです。

つまり、**閉ざされた国ラオスが、鉄道の建設によって陸上輸送のハブになれるということです**。ラオスの胸躍る気持ちが理解できます。また数年にわたって続いたコロナ禍で観光業が大打撃を受けたこともあり、中国ラオス鉄道にかける想いが日増しに高まっています。

しかし、元々はASEANが計画した「アジア横断鉄道（汎《はん》アジア鉄道）」の建設を、中国が「一帯一路」構想の枠組みで捉えていることは大きな懸念材料です。「お前のものは俺のもの、俺のものは俺のもの」と叫ぶジャイアンのようです。便宜上、こうした思想を勝手ながら「ジャイアニズム」と名付けてしまいましょう。中国のジャイアニズムは、「人類運命共同体」という概念が最も近いように思えます。これは２０１２年11月の第18回中国共産党大会にて、胡錦濤《こきんとう》総書記（当時）が提起した概念で、習近平《しゅうきんぺい》が継承して今に至ります。

２０１９年４月には中国とラオスとの間で「運命共同体に関する中国共産党とラオス人民革命党のマスタープラン」が調印され、中国は「二国間戦略運命共同体」と位置づけています。中国が東南アジアでの影響力を強めようとしているにすぎないわけですが、ラオスがこれを「中国のジャイアニズム」と認識できているようにはとても思えません。

鉄道の建設は、ラオスの経済発展に繋がると期待できる一方で、中国企業や中国人のラオス進出が容易になるという視点が重要に思えます。ラオスの人口はおよそ７５３万人（２０２２年、世界銀行）しかなく、ラオスの需要を取り込むという意図があるようには思えませんが、ラオスの隣国には西にタイ（７１７０万人）、東にベトナム（９８１９万人）が控えているため、これらの需要を取り込む工業製品生産拠点になりえます。

またラオスの一人あたりＧＮＩ（国民総所得）は２４１４米ドル（２０２１年、国連統計）であり、中国の１２３２４米ドルからすれば、格安で労働者を確保することができそうです。タイの6818米ドルと比較しても安価です。ベトナムが3506米ドルですので、ベトナムでも良さそうな気がしますが、そこはやはり自分に与しやすい国を選んだといえるでしょう。こうしてラオスの中国依存が進んできています。プランテーション農業が「20世紀型植民地支配」だったのに対し、「21世紀型植民地支配」はWin-Winを装いながら、じわりじわりと侵食していきます。

こうなれば、ラオスで「中国ブーム」が起こることは容易に想像でき、中国語の習得に熱心な人が増えると、民族を民族たらしめる、固有の言語、つまりラオ語の習得がままならなくなってしまう懸念があります。

ラオスは元々経済的に豊かな国ではなかったこともあり、そもそも債務の大きい国です。公的債務残高はおよそ133億ドル（2020年）、GDPに対して72％を占めています。さらに2021年にはこれが88％にまで高まり、2022年はさらに上昇しているだろうとIMF（国際通貨基金）が推測しています。また対外債務はおよそ104億ドル（推定）もあり、その半分が中国です。

2021年12月に開業した中国ラオス鉄道ですが、当初の計画の通りの利用量にはほど遠いといいます。これは中国が「ゼロコロナ政策」を堅持《けんじ》し続けたことが背景のようです。ラオスの中国依存はもう引き返すことのできないところまで来ています。まさに「**中国が**

くしゃみをすれば、ラオスが風邪を引く」様相を呈しているといえるでしょう。

近年、小国の運命を大国が握る、そんな状況が顕著になってきた感じがしています。大国としての務めを理解し、誠意を持ってそれを実行できるかどうかと言えば聞こえは良いですが、帝国主義時代の欧米諸国だって、そんな大義名分などは持ち合わせていなかったわけで、なおさらそれを中国に求めても、そんなことが望めるはずもありません。

中国やロシアの暴れっぷりを見て、西欧諸国が自らの襟を正してくれることを期待するしかありません。

まとめ

- 2021年に開業した中国ラオス鉄道は、中国の「一帯一路」構想の一環として建設された。
- これによってラオスの中国依存が増し、中国企業や労働者の進出を招くことで、ラオスが経済的自立を失うのではないかと危惧される。

4-4 今や自動車輸出国！タイの自動車製造と輸出動向とは？

ポイント

- タイは国民車構想を捨て、自動車産業は外国企業を誘致することで発展してきた
- 拡大する国内需要とは別に、海外への輸出も盛んになってきている
- タイの自動車産業の歴史的発展とはどのような形で進められてきたのだろうか

タイの自動車生産

突然ですが、タイの自動車生産台数が世界で何番目かご存じでしょうか？

フランスのパリに本部を置く、国際自動車工業連合会（OICA、Organisation Internationale des Constructeurs d'Automobiles）の統計によると、2022年のタイの自動車生産台数は188万3515台で、世界10位の生産台数をほこるようです。

自動車といえば、先進工業国で生産するものというイメージがあるかもしれません。しかし、意外に思われるかもしれ

ませんが、1950年代後半には日系自動車企業の進出が見られ、タイの自動車生産は優に60年を超える歴史を持つ産業となっています。

タイは、国産自動車企業の成長を目指す「国民車構想」は念頭になく、**積極的に海外自動車企業を受け入れる方針を採ってきました**。特に日系自動車企業がその中心を担ってきた国です。タイに初めて進出した自動車企業は、トヨタ自動車でした。この時はまだ自動車生産の拠点を設けたのではなく、自動車販売の営業所をバンコクに置いただけでした。

その後、タイでは1960年に産業投資奨励法を制定し、輸入代替型工業化を目指していきます。特に自動車産業は投資奨励業種に指定されました。1962年には、主要な部品の組み立てだけでなく、シャーシの溶接やボディの塗装にいたるまで部品製造を除く全ての工程を現地で行うコンプリートノックダウン方式（以下、CKD方式）を採用した場合、輸入関税については完成車に比べて半分に引き下げるというルールが設けられました。これに付随して、製造のための機材や設備の輸入関税についても免税特典が設けられていきました。

1962年にはトヨタ自動車と日産自動車、1965年には本田技研工業（Honda）、1966年にはいすゞ自動車がそれぞれ工場進出しています。こうして日系自動車企業のタイでの存在感が増していきました。

輸入代替型から輸出指向型へ

こうして、自動車産業はタイ経済の成長の一翼を担いました。しかし、海外自動車企業を受け入れることによる国内自動車産業の育成であったことから、こうした輸入代替型工業には必ず限界がきます。すなわち、市場がすぐ飽和してしまうだけでなく、CKD方式を採用していることもあり、部品輸入が増えて、1970年代半ばに貿易収支が赤字へと転換していきました。

アジアNIEs《ニーズ》（新興工業経済地域）と同様に、タイも世界市場へと輸出することを念頭においた生産体制を模索していきます。輸出指向型工業化には国際競争力の強化が必要不可欠であるため、部品の国産化を目指していきます。

具体的な策としては、完成車のうち排気量が2300ccを超えるものは300%、未満のものは180%の輸入関税を適用し、自動車輸入を「割高」にしていきます。さらに乗用車においては、1979年に自動車部品のうち国産化比率を30%と設定、1988年までに65%にまで引き上げることを決めました。商用車は部品の国産化比率を30%として、1988年までに60%に引き上げることとしました。**こうした政策を進めたこともあって、日本からは自動車企業だけでなく部品製造企業（サプライヤー）の進出も進みました。**1

989年になると、ついにインドネシアを抜いてASEAN（東南アジア諸国連合）で最大の自動車生産国となりました。

1985年9月22日のプラザ合意によって、当時1ドル235円あった円相場は、1年後の1986年10月には160円台、さらに1987年11月には121円15銭とそれまでの最高値を更新しました。こうして円高が進むことで輸出不振となるわけで、1980年代後半から日本企業の海外への工場進出が増えていきます。これがタイでの自動車現地生産がさらに拡大するきっかけとなりました。

1991年12月にソビエト連邦が崩壊すると、1995年にはベトナム、1997年にはラオスとミャンマー、1999年にはカンボジアがASEANへとそれぞれ加盟し、ASEANは域内貿易の活性化を目指すようになります。また、1993年にはASEAN自由貿易地域（AFTA）が始まり、さらにタイの自動車輸出が拡大するきっかけとなっていきます。

その後、タイの自動車産業は、①1997年のアジア通貨危機、②2007年からの世界金融恐慌、③2011年の大洪水という3つの危機を経験することとなります。

乗り越えた3回の危機

アジア通貨危機は1997年に発生しました。「通貨危機」とは通貨の暴落によって、当該国の経済が崩壊してしまう懸念が生じることで、アジア通貨危機はタイの通貨バーツの暴落が背景でした。当時のアジア諸国が、為替レートをドルと固定するドルペッグ制を採用していたことが大きな要因です。特にバーツは、それまでの1ドル24・5バーツから、1ドル207・31バーツにまで大幅な下落を見せました。

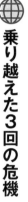

自動車産業の受けた打撃も大きく、1997年の生産台数は24万8000台と前年を大きく下回るものとなりました。これに対して、タイは自動車産業の自由化政策を一時的に停止し、完成車、部品などの輸入に関する関税を引き上げることで、外資の導入を積極的に推進しました。これがタイ国内での自動車生産台数の増加に繋がり、下落したバーツを背景に輸出が伸びていきます。**もちろん日系自動車企業にとってはプラスとなっていきました。**

図は1999年以降のタイの自動車生産台数の推移です。2008年まで順調に生産台数が伸びていることから、アジア通貨危機による打撃がそれほど尾を引かなかったことが分かります。世界金融恐慌が深刻化した2009年や2011年の大洪水による不振も、

タイの自動車生産台数の推移

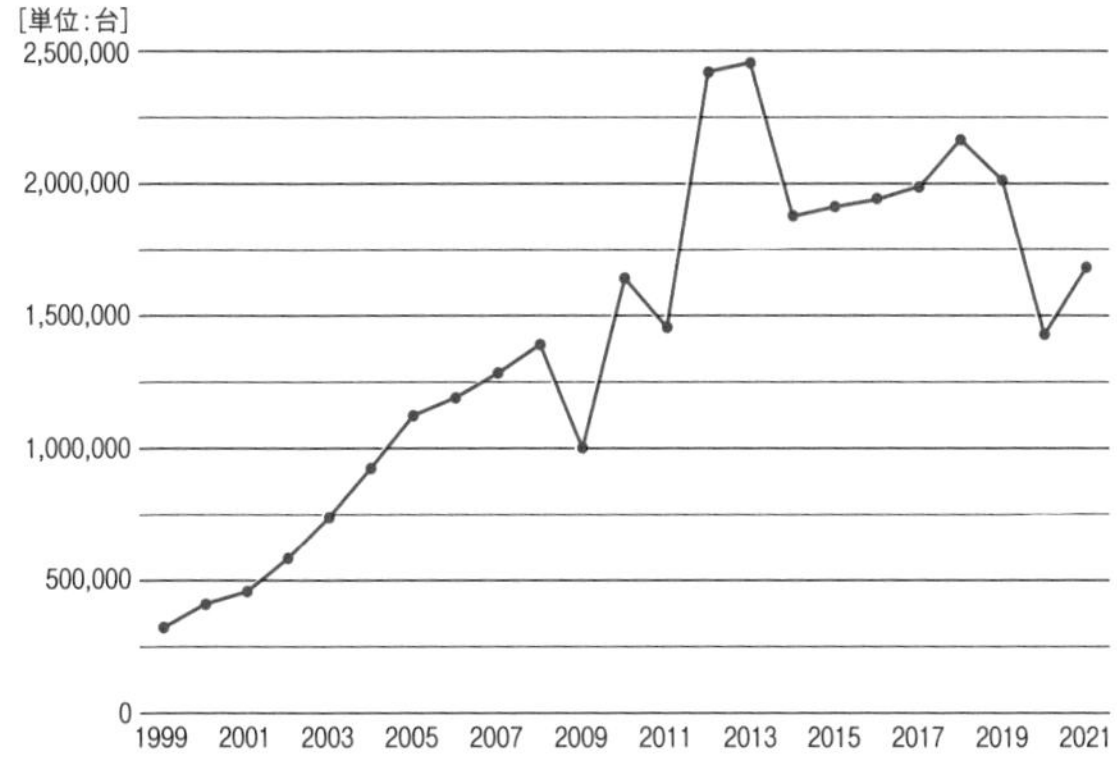

memo 2009年、2011年、2020年と生産台数が前年を下回っている

出所：著者作成

それぞれ1年で克服しています。2020年の生産台数の減少はコロナ禍によるものと考えられますが、こちらも同様です。

2011年の大洪水で特に被害が大きかったのはタイ中部のアユタヤ県だったといわれます。こちらでは工場のほとんどが水没して操業停止に追い込まれました。しかしトヨタ自動車は、別の場所や周辺国で代替生産をするなどの急場をしのぐようなことはせず、一時的に生産ラインを止め、従業員を解雇することなく雇用を維持したといいます。従業員にとってはありがたい措置だったこともあり、トヨタ自動車への愛社精神がさらに高まったといわれています。**生産性の向上は、好待遇をもってしか実現されないものです。**

タイの自動車生産の特徴

タイでは、2011年に自家用車購入者に対して一定額の税を還付する「ファーストカーバイヤー制度」を導入しました。そのため2012・13年は自動車生産台数が増加し、同政策終了と同時に2014年には生産台数が減少しています。

タイにおける、国内販売台数の自動車企業別ランキング（2022年）を見ると、1位トヨタ（28万8261台）、2位いすゞ（21万2491台）、3位ホンダ（8万2842台）、4位三菱自動車（5万385台）、5位フォード（4万17台）、6位マツダ（3万1638台）、以下、7位MG（イギリスの自動車企業）、8位日産、9位スズキ、10位日野自動車と続きます。このランキングからも、タイにおける日系自動車企業のシェアが高いことが分かります。これに関しては、**2015年度一橋大学前期試験地理にて、「インド、タイ、メキシコの自動車生産体制の違いについて」の問題が出題されています**。

タイの自動車生産台数188万3515台（2022年）のうち、乗用車が59万4057台なのに対し、商用車が128万9458台を数えるのも特徴です。中でもピックアップトラックが124万2658台となっており、タイは世界的なピックアップトラックの生産国となっています。特に、トヨタ、いすゞ、三菱、マツダが生産をしているようです。

ピックアップトラック（左）、テクニカル（右）

memo テクニカルはガンシップとも呼ばれる

ピックアップトラックとは、上のイラストのような車のことで、貨物自動車の一種です。人だけでなく、物資を運ぶのにも適しているのですが、これが時に戦争に利用されることがあります。

時は１９７８年、アフリカのチャドと北隣のリビアとの間で紛争が勃発します。この紛争は、チャド北部のアオゾウ地帯と呼ばれる地区の領有をリビアが主張したことに端を発し、１９８７年まで続きました。紛争末期には、荷台に鉄砲を備え付けた「テクニカル」と呼ばれる戦闘車両が登場し、**紛争に関わった両陣営がともにトヨタのピックアップトラックを使用したこともあって、「トヨタ戦争」ともいわれています**。しかし、これがタイで生産されたものだったかまでは不明です。

タイの自動車生産台数１８８万３５１５台のうち、国内販売台数は84万９３８８台となっています。もちろん、販売台数には輸入車も含まれているでしょう。タイの国内販売台数は前年比11・9％増と伸長し、コロナ禍から力強く回復傾向にあるようですが、2023年第1四半期は、前年同期比6・1％減となっていました。

一方で、輸出は好調のようです。特に近隣の東南アジア諸国やオーストラリアへの輸出が好調のようです。実際、オーストラリアは2017年のトヨタの撤退以降、自動車生産は行われていないこともあって、基本的に「どこかの国から輸入している」状態です。そのオーストラリア市場をタイが取り込んでいると考えられます。

輸出は拡大しつつあるとはいえ、タイでの国内販売が以前のように活況を呈するにはまだまだ時間がかかりそうです。

まとめ

- タイはASEANで最大の自動車生産国。これは日本企業の進出によるところが大きい。
- 特にピックアップトラックの生産で世界的に有名。コロナ禍が明けて、国内販売は回復中だが、輸出は好調で、タイの自動車産業は重要な外貨獲得産業となっている。

第5章

地理学的視点で「自然災害」を読む

5-1 家選びは、命を繋ぐこと！ なぜ台地の末端に城郭が建てられたのか？

城郭は台地の末端に建てられた

東京、大阪、名古屋の**三大都市圏は広い台地の近くに沖積平野《ちゅうせき》が広がり、さらに海に面しているという地形的な共通点を持っています**。ここでいう台地とは、特に更新世《こうしんせい》（かつては洪積世《こうせきせい》と呼ばれていました）に離水作用（海水準《かいすいじゅん》に対して相対的に地盤が隆起すること）によって台地状となったものです。一方の沖積平野は、完新世《かんしんせい》（かつて沖積世《ちゅうせきせい》と呼ばれていました）に河川の堆積作用で形成された平野で、最近一万年の間に形成されました。地盤に注目すると、台地は固く、それと比較すると沖積平野は軟らかいのが特徴です。

ポイント

- 家を選ぶことは、命を繋ぐことであり、時代の変遷とともに家に求める要素は変化してきた
- 近年、ますます防災教育の重要性が叫ばれている

東京、大阪、名古屋には、大規模な城郭《じょうかく》が築かれています。城郭が築かれると、城下に商工業が発達して城下町を形成して発展します。江戸城は武蔵野台地の東端、大阪城は上町台地の北端、名古屋城は熱田台地の北西端と、それぞれ城郭が台地の末端に位置する共通点があります。**台地は地盤が固いため、築城するときの障害が少ないことは建築上の大きな利点となり、また軍事上の重要な拠点ともなります**。台地上であれば、周辺を見渡すことが可能であり、外敵の侵入を発見して迎え撃つことができます。また段丘崖《だんきゅうがい》に囲まれているため、外敵の侵入を困難にさせます。さらに城下町から見上げる形で城郭が築かれることとなるので、威厳を示すことができます。

三大都市は明治時代になると、さらなる都市化の進展が見られました。沖積平野の広がる低地では交通網の発達によって商工業がさらに発展していきます。これらの産業に従事する人たちによって住宅地が形成されていき、さらに人口が増加すると飽和した低地から台地へと都市化が進行し、新しい住宅地が形成されるようになっていきます。

東京においては低地に形成された街を「下町《したまち》」、台地上に形成された街を「山手《やまて》」とそれぞれ呼びました。「下町」の代表例は日本橋、京橋、神田、深川、浅草など、「山手」の代表例は麹町、麻布、赤坂、牛込、本郷、小石川などです。明治時代になると「山手」は武蔵野台地を西に拡大していき、都市化の拡大を進めました。

郊外における住宅地開発が進んだのは、1920年代になってからのことです。これは旅客輸送量の増大を狙って、郊外へと沿線を伸ばしていった各私鉄会社の働きによるところが大きいといえます。

高度経済成長期になると地方都市からの人口流入が激しくなったため、都心部の既成市街地では過密の問題が顕在化するようになっていきます。特に、結婚・出産を契機に世帯人数が増えると、より広い住宅を求めるようになりました。そのような都心部の需要を取り込んだのが郊外における新興住宅地、いわゆるニュータウンのことです。つまり「職住分離」が進んでいった時代でした。

この時代に郊外へと流出した世代は、高度経済成長期、そしてオイルショック後の安定成長期を支えた世代ですが、今では高齢者となり、その後も郊外の新興住宅地に居住し続けています。そのため郊外の新興住宅地では、高齢者世帯、独居老人世帯の増加が顕著です。

郊外の新興住宅地は、ほぼ同世代が一斉に流入してきた背景から、高齢化も同様に一斉に進行します。さらに**新興住宅地の多くが核家族世帯の居住を念頭に置いたものであったことから、子世代・孫世代と同居するという需要への対応が遅れています**。

こうして高齢化が進む郊外の住宅地では様々な問題が顕在化してきています。体力の衰えから車の運転が出来なくなるなどの交通弱者となって買い物が不便となり、坂や階段などが行動の障害となるなどの問題があります。また住居の老朽化、維持管理の困難さなどもまた問題となっています。

こうした**高齢化の進む住宅地では公共交通機関など公共サービスの供給が低下し、地域福祉の対応が遅れるようになります**。また公共施設の維持管理も難しくなります。構造的な問題を解決するのは難しいのですが、バリアフリーを念頭に置いた街づくり、交通手段の改善、地域福祉の充実などを図っていく必要があります。

都心回帰とその後

図1より、1990年は東京23区の人口減少が目立ち、奥多摩町や檜原村《ひのはらむら》を除けば東京都西部で人口が増加しています。

バブル崩壊は1991年2月ですので、バブル崩壊直前の頃の東京です。1985年のプラザ合意によって円高が進行すると、わが国では輸出不振となっていきます。改善策として公定歩合が引き下げられ、市場にお金を大量に流したことで、土地や株を購入するなどの「マネーゲーム」が始まりました。人々の期待感だけで経済が支えられるというバブル景気が訪れます。

図1　1990年の東京都の人口増減率
（赤系は増加、グレー系は減少）

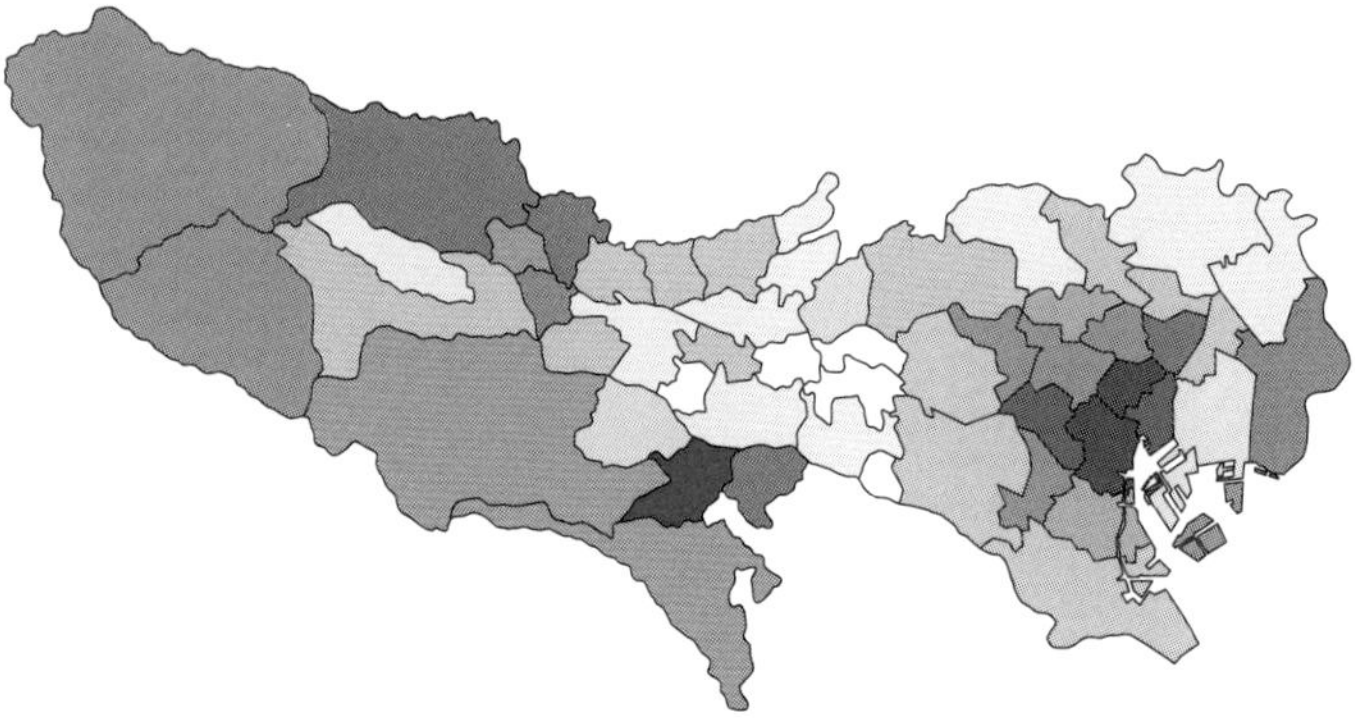

memo 都心部で人口減少が目立つ

出所：ひなたGISにより作成

　これによって都心部を中心とした地価の高騰を招き、連動して住宅価格も高騰します。多くの人々が安価な住宅を求めて東京都西部の通勤圏に流出しました。**一般に「都市圏」は「通勤圏」や「購買圏」と一致するため、公共交通機関の拡大とともに「都市圏」が拡大します**。元々、都心部における人口流出は1970年代より顕著でしたが、それを加速させたのがバブル景気だったと考えられます。

　都心回帰が見られるようになったのは、1990年代後半～2000年初頭とされています。1991年2月のバブル崩壊によって地価が下落し始めると、都心部における再開発事業が進

図2　2000年の東京都の人口増減率
（赤系は増加、グレー系は減少）

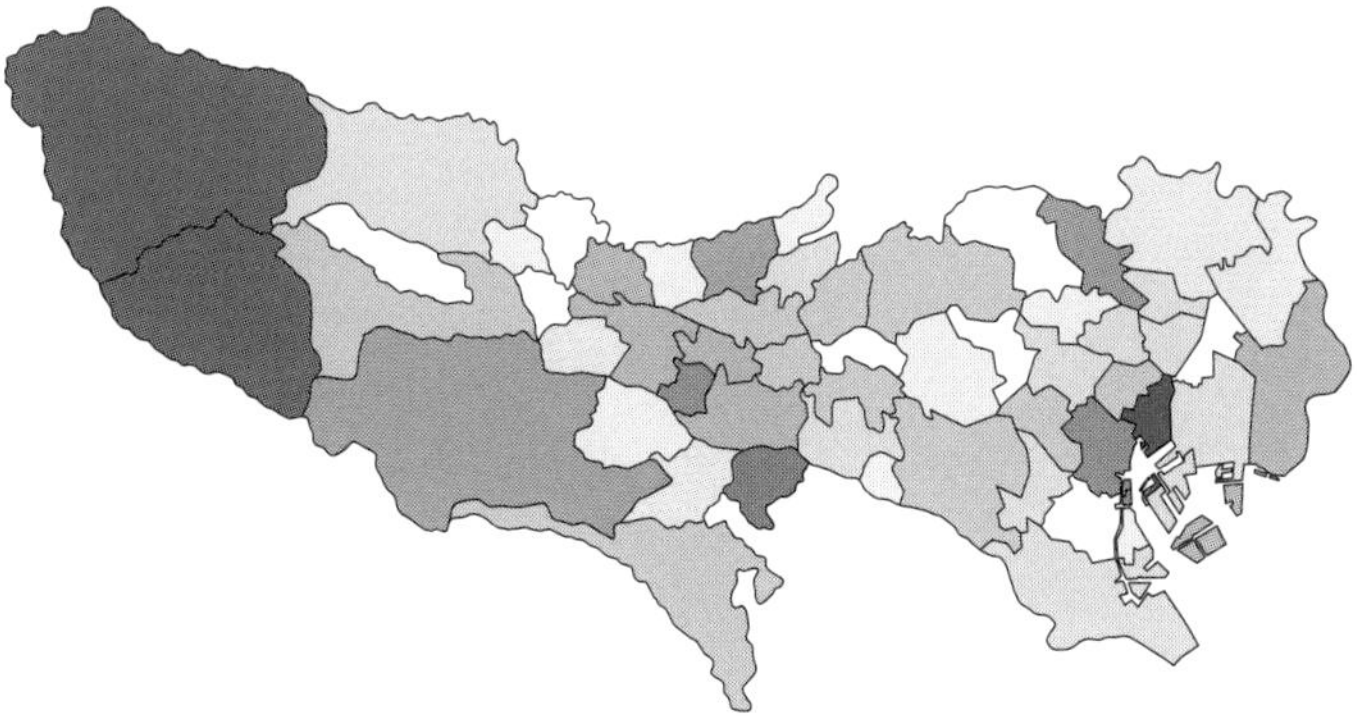

memo　都心部で人口増加が目立つ（都心回帰）

出所：ひなたGISにより作成

み、工場跡地や鉄道駅周辺の再開発事業が行われ、駅近で利便性の高い場所にマンションの建設が進められたこと、公営住宅の建て替え事業が進んだことなどから住宅供給量が増加していきました。実際に東京都心部の人口が増加に転じたのは１９９６年以降のことです。さらに２０００年代に入ると超高層マンションの供給量が増加し、これによって単身世帯や夫婦のみの世帯を中心に人口流入が進みました。高齢者世帯の流入も見られましたが、それ以上の流入数でした。

図2は２０００年の東京都の人口増減率について表したものですが、**都心部において人口が増加に転じていること**

図3 2010年の東京都の人口増減率
（赤系は増加、グレー系は減少）

memo 2000年時点とほとんど変化が見られない

出所：ひなたGISにより作成

とが分かります。

東京都におけるマンションの供給戸数および平均平米単価の推移を見てみます。マンションの供給戸数は1994年ころから増加に転じ、1999〜2005年にかけて大幅に増加しました。この頃は、長期的な景気後退への対策として、住宅地開発を推進する政策が採られたことも影響していると思われます。マンションの平均平米単価は、1998年〜2006年は、それまでの80〜95万円から60〜70万円へと下落しています。都心部での住宅取得が容易になった主因です。

その後、2010年代に入るとどうなったのでしょうか？ **図3**を見ると、依然として東京都心部での人口増加が続いています。しかし、２０００年と違うのは、「10年前の反動」は起きていないということです。「２０００年前後に都心部へと人口が集中し、地価が高騰。それに連動した住宅価格の高騰によって、郊外への人口流出」といったものは起きていません。むしろ、**さらに東京都心部での人口増加が見られます**。

東京23区においては、核家族世帯の割合が低下し続けており、単身世帯や夫婦のみ世帯の割合が増加しています。さらに２０００〜２００５年は都心部における単身者世帯の増加が顕著であり、特に30〜40代が中心でした。これはコンパクトマンションと呼ばれる専有面積の小さい分譲住宅の供給が増えたことが背景でした。それが顕著だったのが、湾岸エリアでした。湾岸エリアとはいいつつも、バブル崩壊後の１９９０年代半ばと同水準であり、依然として、住宅が求めやすい環境が続いていると考えられます。

つまり２０１０年の人口増加率が東京都心部、もう少し範囲を広げて東京23区でも高いのは、東京23区外に流出した人々が都心回帰を起こしたのではなく、東京都内に居住していた人々が東京都内で住み替えを行ったと考えられます。かつての「東京の人」は他の道府県から流入してきた人々が多かったと思いますが、最近の「東京の人」は東京都で生まれ育った人の割合が多いのかもしれません。

図4　東京周辺の色別標高図

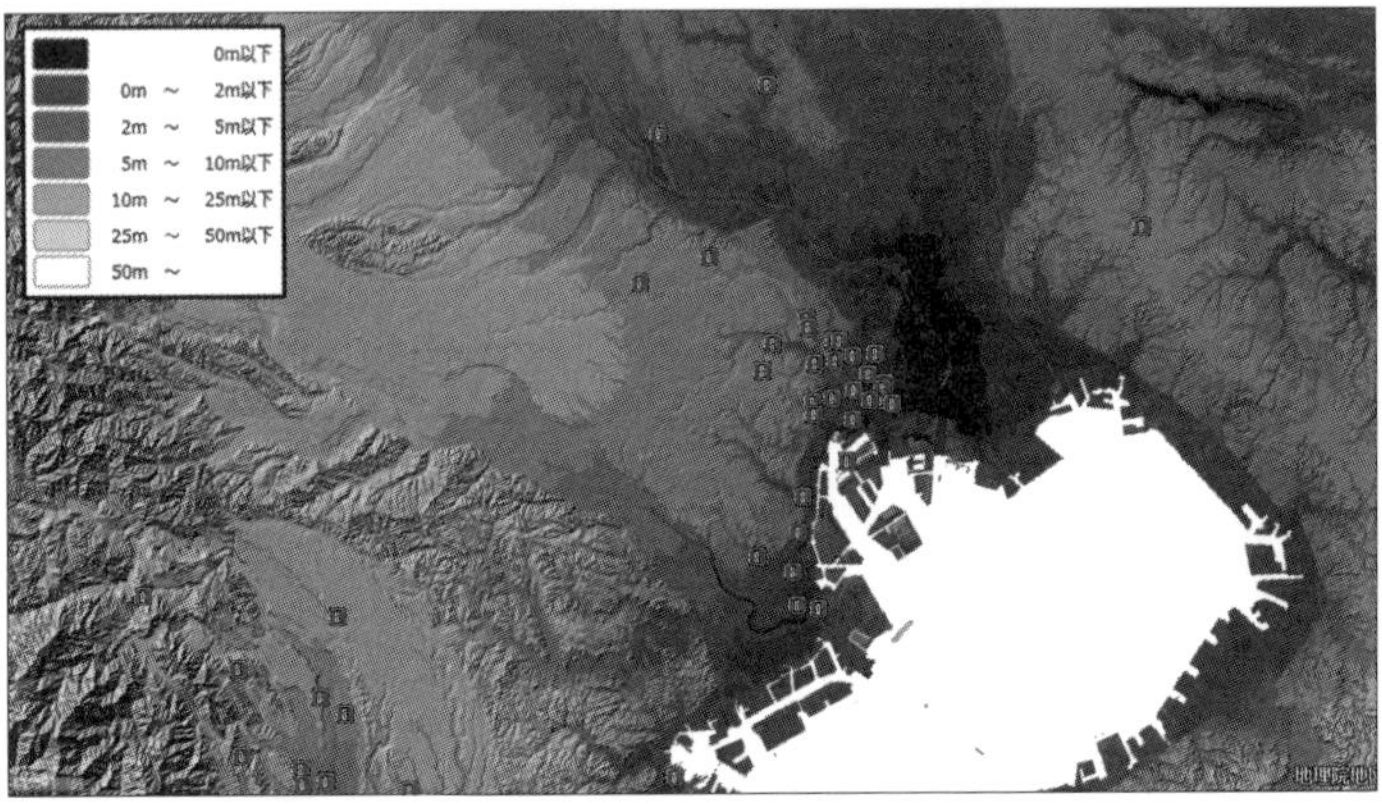

memo 荒川周辺に海抜ゼロメートル地帯が広がる

出所：地理院地図

ハザードマップで災害リスクを知る

東京、大阪、名古屋といった三大都市には沖積平野が広がるため、近海のほとんどが遠浅の海域となっており、沿岸部には標高の低い土地が広がっています。東京であれば、荒川流域のところどころに「海抜ゼロメートル地帯」が存在します。黒色で表現されているところが「海抜ゼロメートル地帯」、つまり海抜ゼロメートル未満の地域です（**図4**）。

いかに東京都東部の地盤が弱いかが分かります。実際に、1923年9月1日に発生した関東大震災（関東地震

図5　東京周辺のハザードマップ

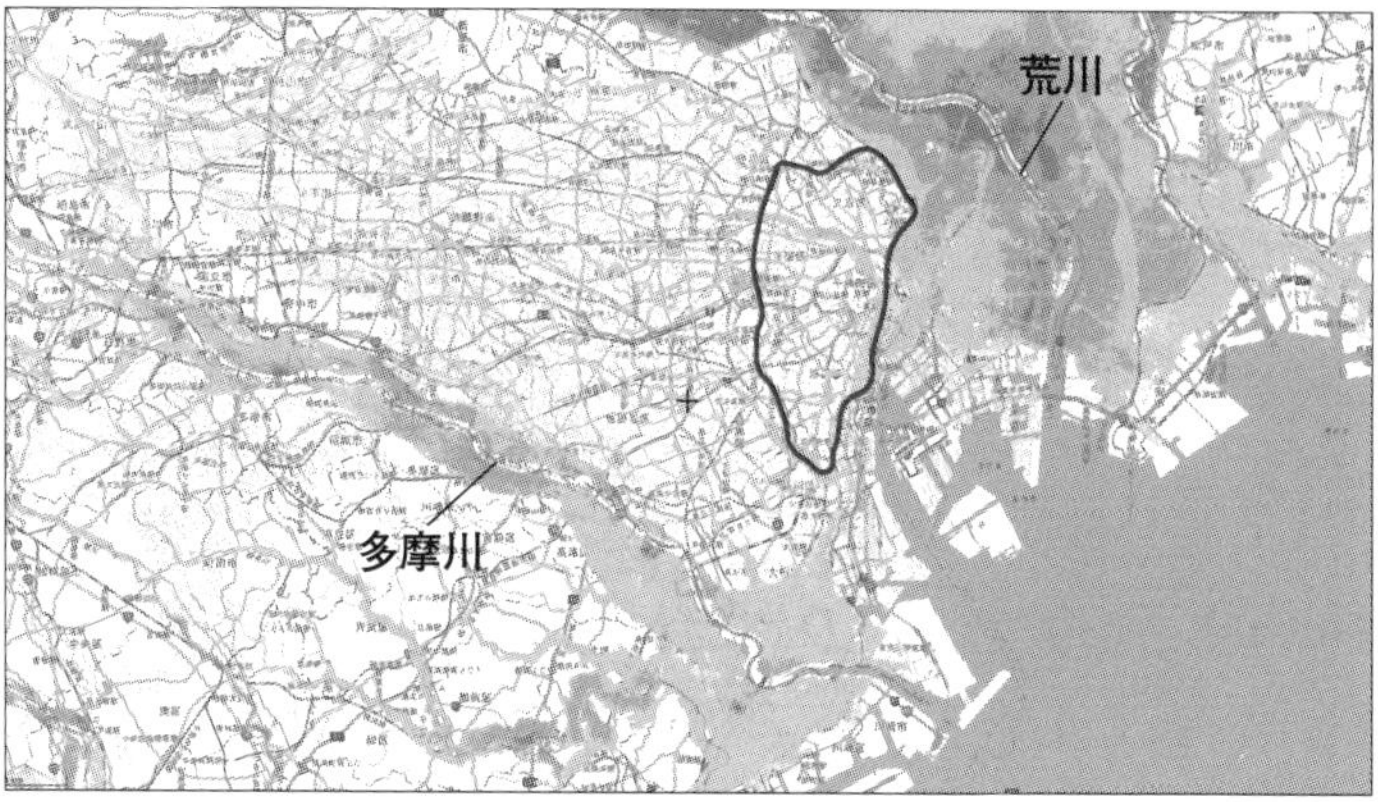

memo 洪水リスクは台地よりも低地で大きい

出所：「重ねるハザードマップ」（国土交通省）

による大災害）のさいも荒川流域から被害が拡大しており、**東京都東部に自《し》然《ぜん》災《さい》害《がい》伝《でん》承《しょう》碑《ひ》（）が集中していることが分かります。**

同様に東京周辺のハザードマップを見てみましょう（**図5**）。

荒川と多摩川周辺のうすいグレーの箇所が洪水の被害が発生しやすい地域であり、当然ですが両河川流域にて洪水リスクが大きいことが分かります。この二つの河川に挟まれたのが武蔵野台地です。そして色線で描いたのは、山手線の路線図です。山手線がいかに、「下町」からみて「山手」の方を走る路線であるかが分かります。このように遠浅の海域が広がることもあって、東京には大型船舶の接岸は困難でした。そのため明治時代になると、浚渫《しゅんせつ》工事などによって人工的に水深を深くする港湾建設が進められました。

東京圏に含まれる横浜は、本牧岬《ほんもくみさき》の存在が風や波を軽減し、さらに近海の水深が深いこともあって大型船舶の接岸が容易でした。そのため、わが国で初めて鉄道が開通したのが「新橋−横浜間」だったことも、必然だったといえます。神戸も同様の理由で古くから港町として発展しました。なんといっても平清盛が日宋貿易の拠点として開発したのが起源です。当時の神戸は「大輪田泊《おおわだのとまり》」と呼ばれており、現在の神戸港近くにある「和田岬《わだみさき》」にその名前の一部を残しています。

東京都には1400万人ほどの人間が生活をしており、昼夜間人口割合（昼間人口／夜間人口）がおよそ120％と高く、昼間は1700万人近くの人々が東京都にいることになります。東京港は後背地《こうはいち》に人口密集地を控えていることもあり、東京は生産都市よりは消費都市としての性格が強く、東京港の輸入品目の上位には「肉類」や「魚介類」、「衣類」といった消費財が目立ちます。これは大阪港や名古屋港も同様です。

上下水道が整備されていなかった昔では、台地は水利に恵まれないところであり居住には困難な土地でした。しかし、インフラ整備が進み、今ではどこに住んでも基本的には水道水を確保できます。**地震や洪水といった災害に遭う危険性が高い河川沿いの低地よりは、**

台地が広がる場所の方が、より長く命を繋ぐことができるのではないかと思うわけです。

私はこれを色々なところで語ってきましたが、話半分で聞く人、そもそも何を言っているか理解できない人、しない人、様々です。中学校でも地理は学びますが、やはり高等学校にて地理や地学を学んでおらず、「知らなかった……」で命を落とす危険性が高まることは実に大きな問題だと思います。

2022年度より、高等学校では「地理総合」が新設されて必修化されました。すべての高校生が等しく地理を学んでいます。特に防災に関する記述が厚く、「災害大国ニッポン」で生活する身として知っておかなければならない最低限のことを知る良い機会になるでしょう。

「人が死なないための防災」、とても大事な考え方だと思います。

まとめ

- 城郭が台地の末端に建設されたのは、命を繋ぐためにも、防御機能を持った場所が選好されたため。
- 現代においては、ハザードマップを通じて災害リスクを知ることが重要。地理教育は「人が死なないための防災」に貢献する重要な要素である。

5-2 「自然災害伝承碑」の分布から読み解く、日本各地の自然災害

平成30年7月豪雨

一般に「西日本豪雨」と呼ばれているのは、「平成30年7月豪雨」のことを指します。２０１８年6月28日から7月8日にかけて、西日本を中心に広い範囲で集中豪雨が発生しました。

気象庁の記録によりますと、１９５１〜２０２２年にかけて、日本列島に上陸した台風の一年あたりの平均数は２・94個でした。これを最近10年に限って計算すると、３・60個となります。たまたまなのか、何かしらの因果関係によるものなのかは分かりませんが、上陸した台風の個数が増えていま

ポイント

- 古くから災害がよく起きていた場所があるが、現代を生きる我々はそのことを知ってか知らずか、災害が起きてからは後の祭りといった状況が多々見受けられる
- 先人たちが遺してくれた「教訓」をどう活かすかが鍵となる

す。そして上陸する台風の多くが7～9月に集中しています。

「台風の上陸」とは台風の目が陸地を通過することです。上陸しないからといって、日本列島へ被害をもたらさないというわけではありません。西日本豪雨のさい、平成30年台風7号（以下、台風7号）は日本列島へと上陸していませんが、広範囲にわたって大雨をもたらしました。そもそも台風とは、潜熱《せんねつ》（暖かい海域から供給された水蒸気が凝結して雲粒《うんりゅう》になるときに放出される、状態変化に用いられる熱）をエネルギー源としていますので、海上にいるときの方が勢力は強いはずです。実際に**上陸した台風は水蒸気の供給が絶たれるため、急速に勢力が衰えていきます**。

台風7号は、2018年6月29日にフィリピンの東の海上で発生し、東シナ海を北上しながら対馬海峡を通過して日本海へと抜けていきました。台風7号の通過によって梅雨前線が活発化して豪雨となり、さらに7月4日には台風8号が発生して西日本豪雨は激しさを増していきます。

西日本豪雨によって、死者237名、行方不明者8名、家屋の全半壊20663棟、家屋浸水29766棟を記録しました。これによって各地で断水が発生し、各種ライフラインに被害が及びました。また洪水浸水想定区域や土砂災害警戒区域において避難行動を促す情報が発令されていたにもかかわらず、人的被害が多く発生しており、その被災者の多くが高齢者だったといいます。

自然災害伝承碑の制定

日本列島は太古の昔から自然が荒ぶる場所であったはずですし、これからもそれは変わることのない事実です。自然が荒ぶる場所であるからこそ、豊かな自然が広がるのですが、それに心を奪われ、また手にした科学技術によって自然を克服したと勘違いしがちです。よって日本人は、自分たちが自然が荒ぶる場所で生活していることを忘れがちなのです。

しかし、先人たちは我々に「この場所は危ない!」という教えを石碑などで残してくれています。我々は、そういった石碑を見るにつけ、「汚い石……」といった感想を抱くくらいのものです。しかし、西日本豪雨をきっかけに、過去に発生した自然災害を伝承する碑の存在を地図上に表すことを決め、その地図記号が作られました。2019年3月のことです。**その地図記号は「自然災害伝承碑《しぜんさいがいでんしょうひ》」といいます**。

西日本豪雨で大規模な水害に見舞われた場所に、岡山県倉敷市真備町があります。ここは、付近を流れる高梁川を本流として、支流である小田川が合流する場所でもあります。しかし小田川と合流した高梁川《たかはしがわ》は山間部を縫うように下流域へと流れていき、また合流点より下流側ですぐ蛇行するため、大雨による流量の増加で水の流れが阻害されてしまいま

図1　真備町周辺の色別標高図と浸水推定段彩図

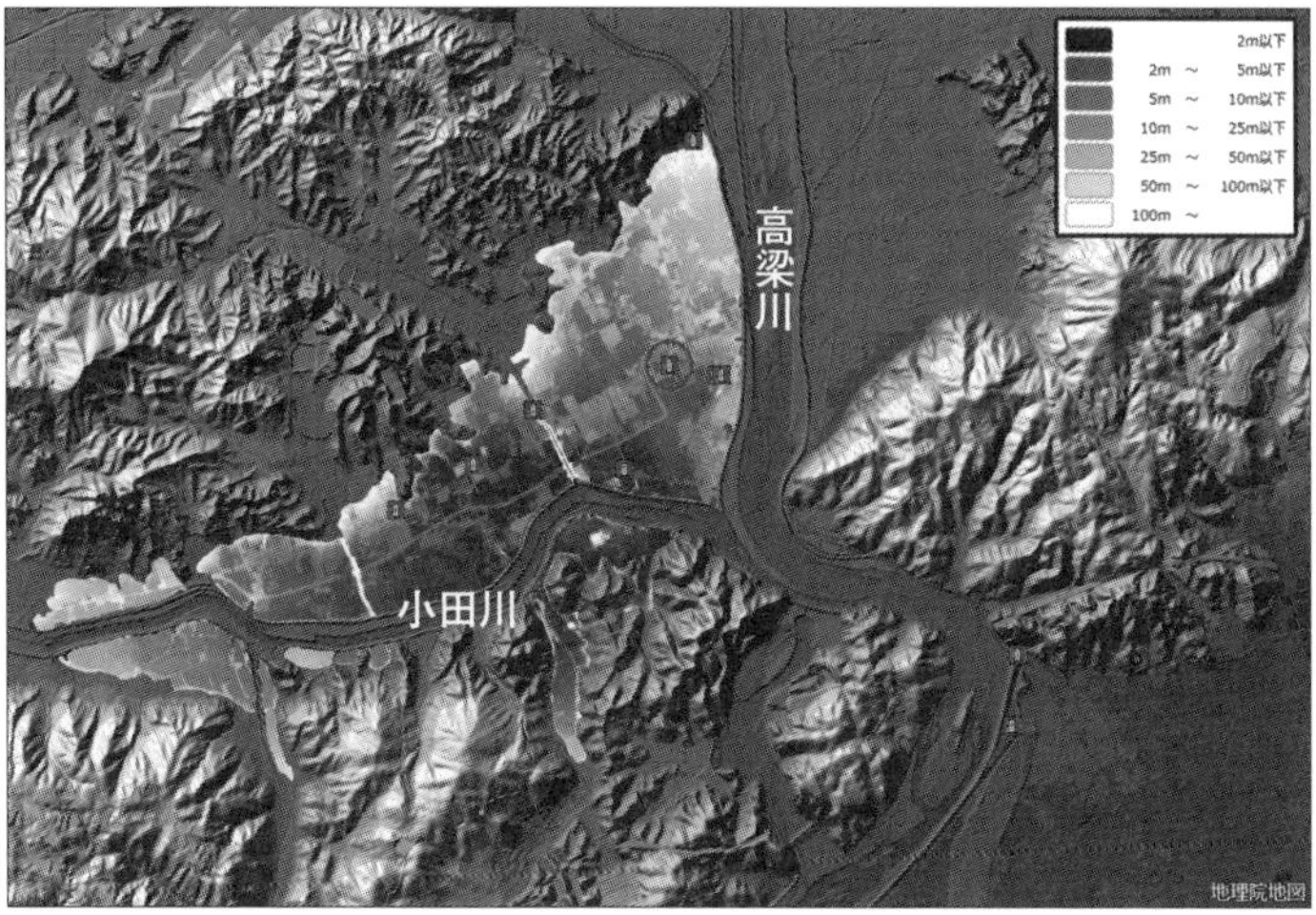

memo 背水によって小田川の北側で浸水被害が広がっている

出所：地理院地図（2018年7月7日時点）

す。そうなると「水が詰まる」ため、小田川の水が押し戻される背水（バックウォーター）と呼ばれる現象が発生しました。これによって小田川の堤防が二箇所も決壊して周辺家屋は浸水被害を受け、死者が52名を数えました。

図1を見ると、西日本豪雨の最中、7月7日時点で小田川が氾濫して北側の広い範囲で浸水していることが分かります。そして、図には自然災害伝承碑（）も合わせて示してあり、そのうちの一つに「明治26年大洪水供養塔」というものがあり

ます。図中の○で示した箇所です。時は1893年（明治26年）10月12日から13日にかけて、台風の影響で大洪水が発生し、なんと200名あまりの死者を出しました。他にも、昭和51年の「台風17号による浸水」という自然災害伝承碑もあります。そして、西日本豪雨をきっかけに、真備町では5つの碑が建立されました。

島原大変肥後迷惑

諸説ありますが、日本列島には111もの活火山が存在します。世界全体で1548ですから、日本列島だけで7・0％も占めているわけです。日本列島は世界の陸地面積の0・25％ですので、**いかに日本列島に活火山が集中しているかが分かります**。

記憶に新しい1990年11月17日、長崎県の島原半島にある雲仙岳《うんぜんだけ》が198年ぶりに噴火しました。すでに1968年頃から火山の活動期に入っていたようで、1990年までの有感《ゆうかん》地震が幾度も発生していました。翌1991年2月に再噴火、5月には火山灰による土石流、6月3日には人的被害をもたらす火砕流《かさいりゅう》がそれぞれ発生しました。この時の様子を捉えた映像がテレビで流れたこともあり、多くの人が記憶に残っているのではないでしょうか。

では、その198年前の噴火とはどんなものだったのでしょうか？

図2　有明海を挟む長崎県と熊本県

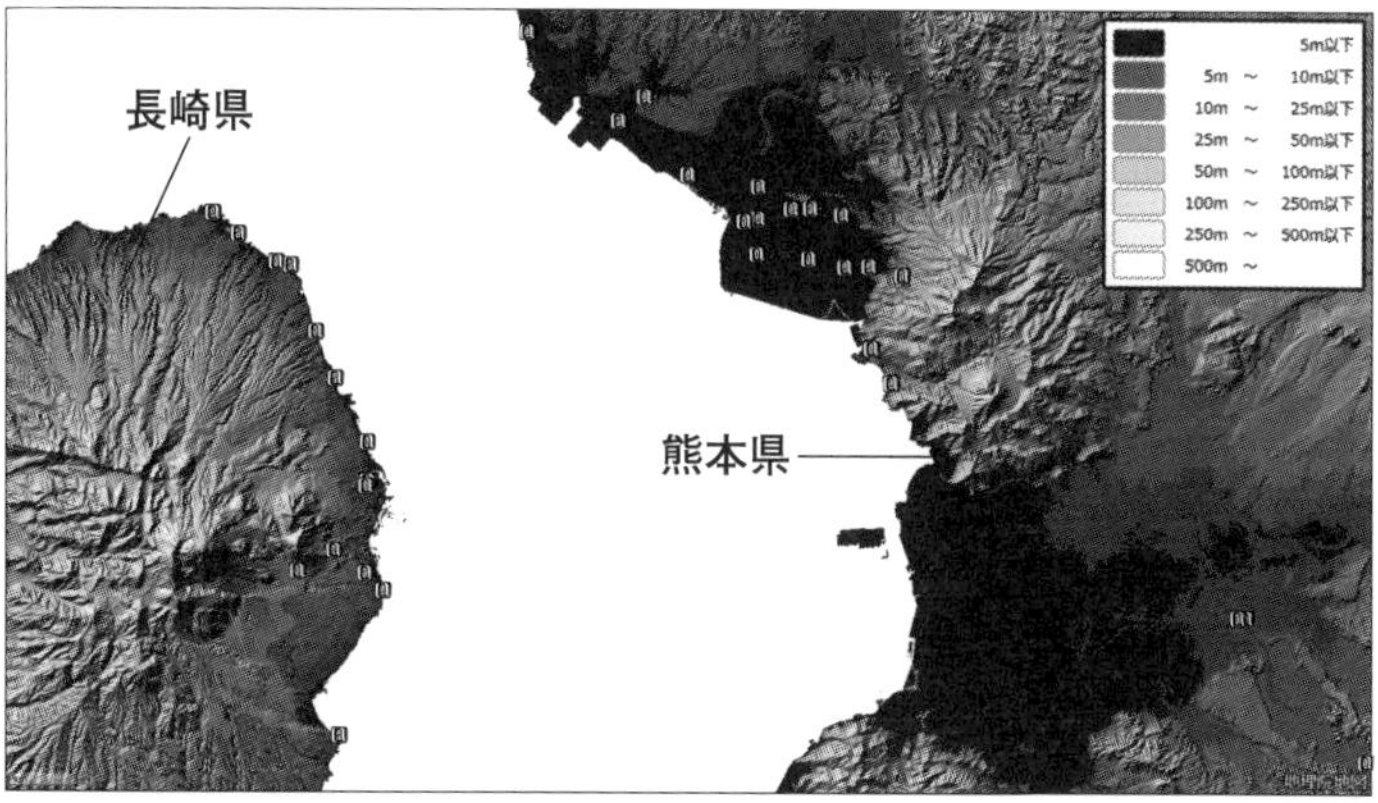

memo　標高5m未満の低地に自然災害伝承碑（ ）が集中している

出所：地理院地図

時は1792年、5月21日（旧暦4月1日）に雲仙《うんぜん》普賢岳《ふげんだけ》の火山性地震が発生し、東側にある眉山《びざん》の山体《さんたい》が崩壊しました。この崩壊によって発生した土砂は3億立方mを超える量だったといわれ、有明海へと流れ込みました。このような**山体崩壊によって崩れ落ちた土砂が流下して形成された山を「流れ山」といいます**。島原半島の東の沖に九十九島《つくもじま》という島々が存在するのはそのためです。

　有明海に土砂が流れ込んだことで、10mを超す高さの津波が発生し、なんと対岸の肥後・天草にまで到達しました。そして津波は肥後の海岸で回折《かいせつ》して返し波となって島原半島沿岸の18の集落を襲いました。この津波によって島原でおよそ1万人、肥後・天草でおよそ5千人が尊い命を失いました。「島原大変肥後迷惑《しまばらたいへんひごめいわく》」とは、この時の様子を表した言葉です。**図2**を見ると、所どころに自然災害伝承碑が存在しますが、このほとんどが1792年や1991年に建立された碑です。特に1792年に建立されたもののほとんどが標高5m未満の低地に集中しています。つまり、津波による災害を記録しているということです。

わが国で発生する自然災害は水害だけではありません。**先人たちはこうした過酷な環境下で生活し、そこで得た知見を後世の我々に遺してくれているのです。**

まとめ

- 平成30年7月豪雨、通称「西日本豪雨」は、日本列島を襲った大規模な集中豪雨。多数の死者や被災家屋が発生し、特に高齢者が被害を受けた。
- この出来事を契機に、先人たちが遺した自然災害の伝承を記す「自然災害伝承碑」が地図記号として加わった。

5-3 「震度7」誕生のきっかけとなった福井地震とその後の「震度7」

震度7を記録した地震

自然災害とは、地震や豪雨、津波、火山災害など、人間の命や社会に危機的な被害を与える現象のことです。

わが国では、毎年のようにどこかで自然災害が発生しています。日本列島は全世界の陸地面積の0・25％しかないというのは、本章で幾度も紹介していますが、さらに驚きなのは、2013〜2022年までに世界で発生したマグニチュード6・0以上の地震の回数は1725回、そのうち291回（16・9％）は日本列島だけで発生しているということです。

もはや、**日本列島には安全な土地など存在しないと理解して**

ポイント

- わが国の観測史上、震度7を記録した地震は6回あり、その震度7を設定するきっかけとなった地震がある
- 災害は多くの死傷者を出すが、近年は震災が発生してもかつてほどの被害にはなりにくい

おくべきです。
1990年代以降、わが国で発生した大きな自然災害を列記します。

〈1990年代〉

・1990年から数年もの間続いた雲仙普賢岳の噴火
・1993年　北海道南西沖地震（マグニチュード7・8、推定最大震度6）
・1995年　兵庫県南部地震（阪神・淡路大震災を引き起こした地震。マグニチュード7・3、**最大震度7**。死者数がおよそ6千人、負傷者数は4万4千人以上）

〈2000年以降〉

・2000年から数年続いた三宅島の噴火
・2004年　新潟県中越地震（マグニチュード6・8、**最大震度7**）
・2011年　東北地方太平洋沖地震（東日本大震災を引き起こした地震。マグニチュード9・0〜9・1、**最大震度7**を2回記録）
・2016年　熊本地震（マグニチュード7・3、**最大震度7**）
・2018年　平成30年7月豪雨（いわゆる「西日本豪雨」）
・2018年　平成30年北海道胆振《いぶり》東部地震（マグニチュード6・7、**最大震度7**）

観測史上、日本列島で震度7を記録した地震は全部で6回ありますが、列記したものを振り返ってみると、**6回中5回が2000年以降に発生しています**。

しかし、地震被害の大きさは、地震の規模だけで決まるものではありません。地震の種類や被害を受けた地域の特徴などが関わってきます。具体的には地形や地盤の特徴などの自然的要因、人口密度や建造物の耐震の程度などの社会的要因です。

過去100年間、特にわが国で発生した大規模地震災害として、関東大震災（1923年、関東地震）、阪神・淡路大震災（1995年、兵庫県南部地震）、東日本大震災（2011年、東北地方太平洋沖地震）を取り上げます。関東地震と東北地方太平洋沖地震は、プレートの沈み込み型境界で発生した海溝《かいこう》型地震でした。一方、兵庫県南部地震はプレート内部の活断層による地震でした。

関東地震

関東地震は1923年9月1日正午頃に発生しました。

地震発生時には、昼食の準備でガスを使用する家庭が多かったこともあり、火災が発生しやすい条件が整っていたといわれています。また現在に比べて木造家屋が多く延焼しや

図1　関東地震による被災種別の分布図

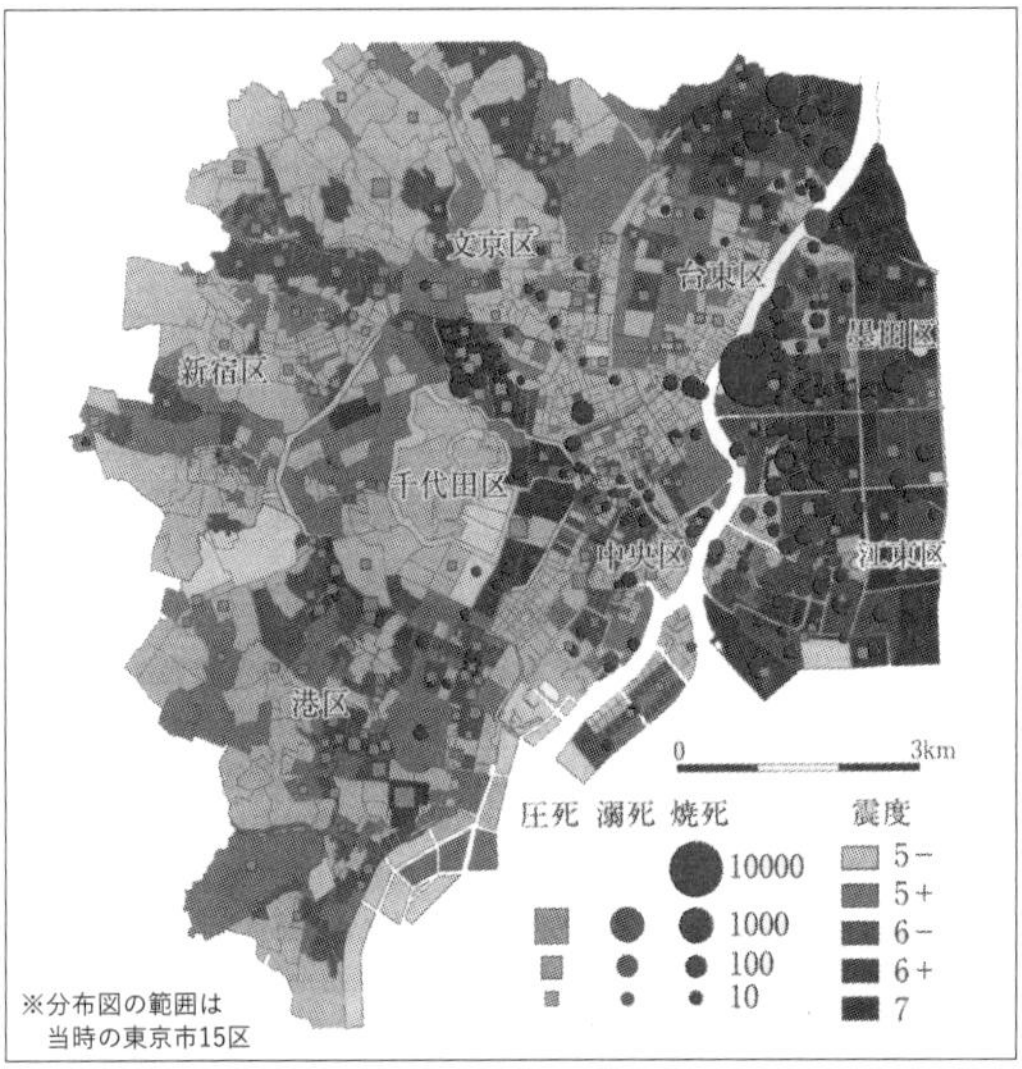

memo　隅田川周辺での焼死が多いことが分かる

出所：立命館大学・神奈川大学21世紀COEプログラム・ジョイントワークショップ報告書『歴史災害と都市ー京都・東京を中心にー』（一部修正）

すかったことも震災が拡大した要因の一つです。

図1は、関東地震のさいの「圧死」「溺死」「焼死」の被害状況を表した分布図です。

ここから見えてくることは、**隅田川周辺で震度が大きかったことです**。そのため、焼死の被害もまた大きくなっています。当時はまだ荒川放水路が完成していない時代でもありました。

関東平野は、かつて江戸城があった皇居のあたりから東側では沖積平野が広

図2 東京東部の自然災害伝承碑の分布

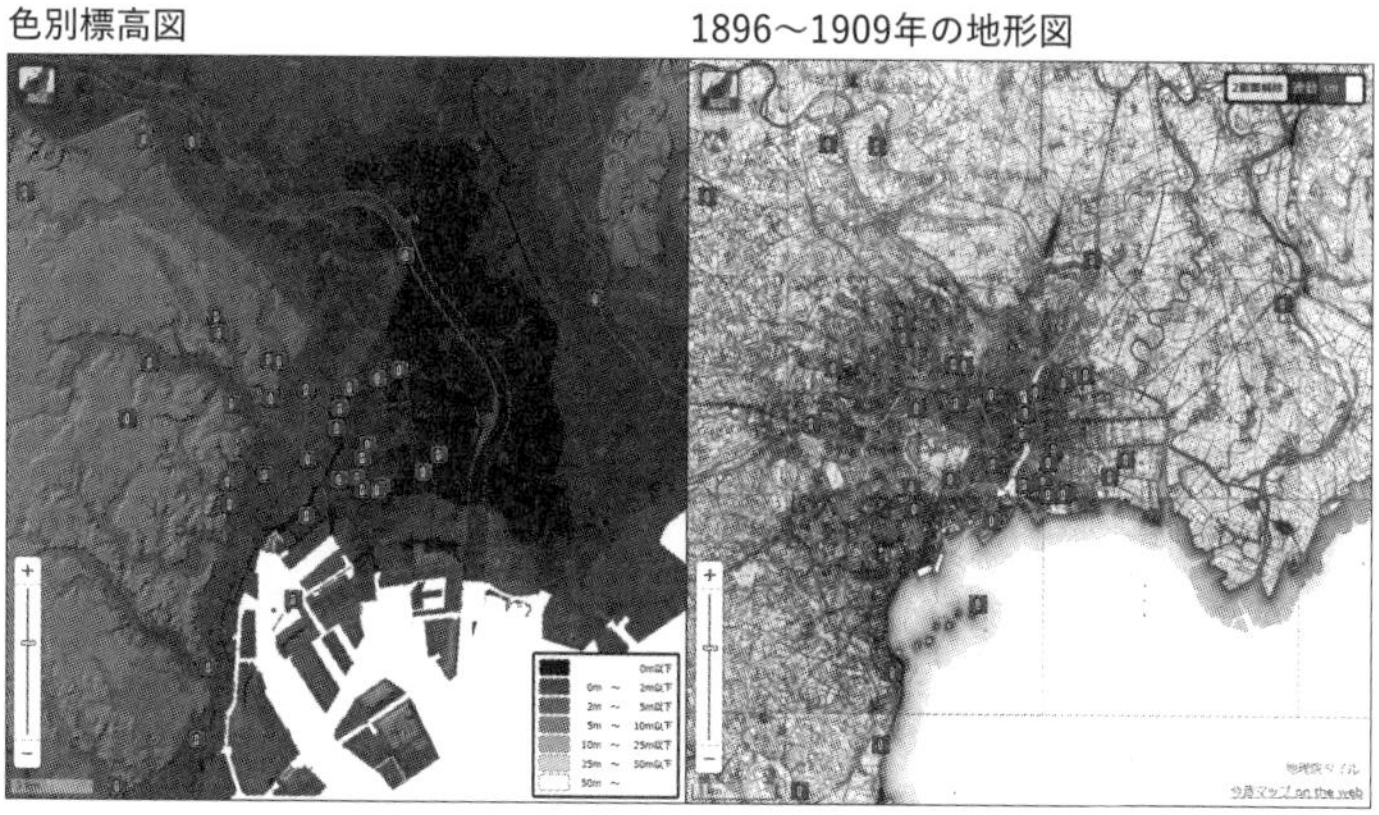

memo 自然災害伝承碑（ ）が低地に集中している

出所：地理院地図

がっており、江戸城は武蔵野台地の末端に築城されました。台地上は地盤が固いため、築城のさいの大きな利点となります。沖積平野が広がる隅田川周辺では地盤が軟弱なため、地震のさいに揺れが大きいことが知られており、そのため地震に対する耐性が低く、被害が大きかったと考えられます。

実際に、**関東地震に関する「自然災害伝承碑」のほとんどが東京東部に集中しています（図2）**。

さらに、１９２３年9月1日は能登半島付近に発達した台風の影響で、関東地方では風が強かったことなども延焼の要因だったともいわれています。

この時の台風は、その後東北地方を横

断して太平洋側へと抜けていきましたので、数日間は関東地方で風が強かったようです。そのため、**関東大震災は焼死者が多かった震災でもあります。**

兵庫県南部地震と東北地方太平洋沖地震

兵庫県南部地震は、1995年1月17日午前6時前に発生しました。そのためまだ就寝中の人たちが多く、地震に対して迅速な対応ができなかったといわれ、家屋の倒壊や家内家具の転倒による圧死を原因とした死亡者が数多くいたとされます。

東北地方太平洋沖地震は2011年3月11日午後2時46分に発生しました。地震の発生源は、宮城県沖の広範な海域であったため、地震発生直後には、想定を上回る規模の津波が襲いました。そのため津波による溺死者が多くを占めたといわれています。

この時の震災では、岩手県大船渡市を11m、陸前高田市を15mの津波がそれぞれ襲いました。津波の高さに大きな差はありませんが、隣接する二つの市は、震災復興に大きな差が出ました。大船渡市は、商業施設の多くが低地にありましたが、公共施設の多くが高台に建設されていたため、被災を免れました。公共施設は避難場所や復興拠点として利用されますので、大船渡市は震災復興が早かったといわれています。一方、陸前高田市は商業施設、公共施設ともに低地に建設されていたため、そのほとんどが被災して復興拠点を設けることができず、復興への取り組みが遅かったといわれています。

そして、**この内容を地形図から判断させる問題が、震災から一年後、2012年度一橋大学前期試験の地理にて出題されています**。

震度7導入のきっかけとなった福井地震

歴史的に考察しても、また現在の暮らしの中においても、我々日本人は日本列島が自然災害の起きやすい場所であることを知っています。地震や火山噴火、そして台風など、自然は時に人命を脅かすほどの猛威を振るってきます。

先進国は都市部に人口が集中、つまり多くの富が集まっていることもあり、被害総額が大きくなりやすいものですが、**土木技術や建築技術、そして防災体制の充実によって死者数の割合はそれほど高くはありません**。災害で死亡した人の割合は、全世界に対して日本は0・3％とそれほど高くはありません。

しかし日本列島は、今後も自然災害が発生し続けるわけであり、日頃より防災の意識を高めていくことが大変重要です。

わが国には、気象庁が定める「気象庁震度階級」というものがあり、最も高い階級は震度7です。これは1948年の福井地震をきっかけにして、翌1949年に導入されました。そして初めて震度7が適用されたのが、阪神・淡路大震災を引き起こした1995年の兵庫県南部地震でした。

以来、日本列島では、2004年の新潟県中越地震、2011年の東北地方太平洋沖地震、2016年の熊本地震（震度7を2度観測）、2018年の北海道胆振東部地震とわずか30年足らずで6回もの震度7の地震を観測しています。しかも特定の地域で発生しているのではなく、北は北海道から南は熊本県まで発生場所に偏りはありません。

また地震計などの観測機器が存在しなかった時代に発生した地震（歴史地震）を振り返ってみても、震度7に相当すると考えられる地震が各地で発生しています。また震度階級が震度6までしかなかった時代でも、1923年の関東地震や震度7導入のきっかけとなった1948年の福井地震など、震度7と推定される地震が各地で発生しています。

日本列島は4つのプレートにまたがって位置しているため（**図3**）、基本的には**どこにいても地震が発生する可能性があります**。

また日本列島は台風の襲来が多く、古くは1945年の枕崎《まくらざき》台風や1947年のカス

図3 世界の主なプレートの分布

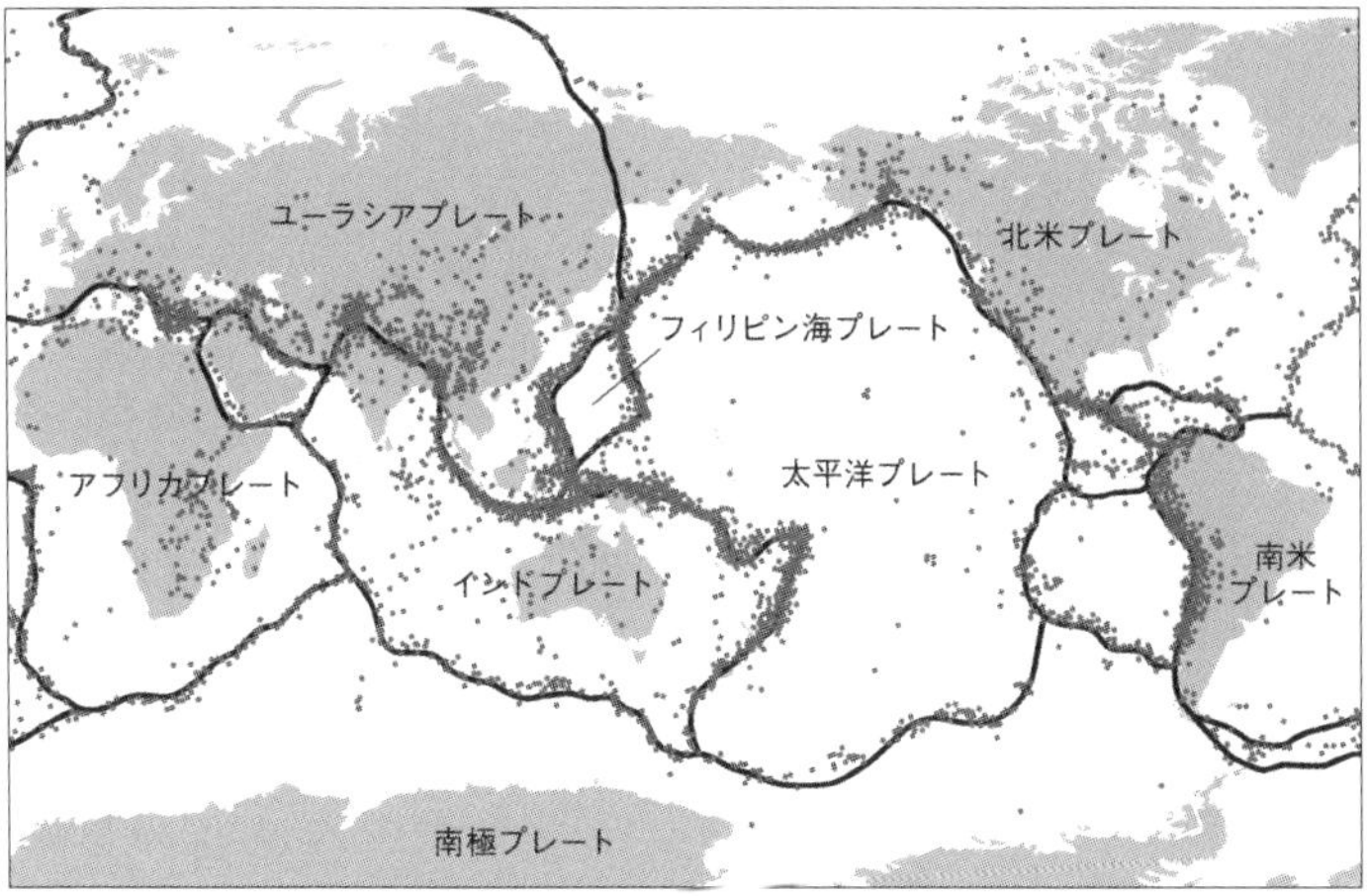

memo 日本列島は4つのプレートがひしめき合う

出所：『目からウロコのなるほど地理講義（系統地理編）』（学研プラス）

リーン台風、1959年の伊勢湾台風など死者・行方不明者が数千人を数える台風被害を経験しています。他にも火山噴火、洪水、津波、土砂災害、豪雨、豪雪など、これまで様々な自然災害が日本人の尊い命を奪ってきました。

しかし、現在では地震を除き、死者・行方不明者が1000人を超えるような自然災害は見られなくなってきました。土木技術や建築技術の発達に加え、防災意識の高まりが背景にあります。

日本列島で生活する以上、これまでもこれからも防災意識の重要性は変わりません。その一助として、地理総合では防災教育の重要性を説いていきます。**「命を繋ぐ」ためにも、防災教育の重要性を多くの日本人に理解してもらいたいと思います。**

まとめ

- 震度7は気象庁が定める震度階級で最も高く、その導入は1948年の福井地震がきっかけ。以降、多くの地震で観測されている。
- 日本列島は地震だけでなく、台風、火山噴火、洪水、津波、土砂災害など、さまざまな自然災害が発生し、これまでに多くの犠牲者が出た。しかし、技術の進歩や防災教育の普及により、犠牲者数は減少している。

5-4 バングラデシュ独立は、たった一発のサイクロンがきっかけだった！

水害リスクの大きいバングラデシュ

1970年1月から2018年5月までの間に、世界各地で発生した死者1万人以上を出したとされる大規模な自然災害は全部で28件あります。これを地域別にみると、南アジア11件、中南アメリカ9件、東アジア4件、東南アジア2件、中央・西アジア2件となっており、さらに原因別でみると地震17件、水害9件、火山噴火に起因するもの2件です。そして**これを2001年以降に限定すると、地震が7件、水害が1件です**。

ポイント

- バングラデシュはかつてパキスタンに属する東パキスタン州だった
- 西パキスタンとは、言語などの文化が異なる状況であったにもかかわらず、イスラームを信仰するという共通点だけが大義名分だった
- しかし、あるとき東パキスタンのパキスタン政府への不満が頂点に達することになる

地理学は「普遍性」と「地域性」を考察する学問です。そして空間スケールや時間スケールを大小させることで、同じ地域を眺めていても、観えてくるものが異なります。ここでは南アジアの地域性に焦点を当てて災害について観ていきます。

バングラデシュは南アジアに位置します。地勢を見ると、ガンジス川が流れ込む海岸線には三角州（デルタ）が形成されているため、非常に低平な土地が広がっています。本流であるガンジス川には支流のブラマプトラ川が合流してくるため、雨季ともなれば河川流量が急増して洪水が頻発します。特にバングラデシュの首都ダッカは標高が２mと低いため、常に洪水の危険にさらされています。国際連合の予測によると、地球温暖化がこのまま進むと、今後10年間でバングラデシュの人々のおよそ17%（およそ２８７９万人）が移住を余儀なくされるといわれています。

バングラデシュに進出する企業は、この水害リスクへの対策が重要課題となっていることは、**4-1**で述べている通りです。

近年は、河川の改修工事や防災意識の啓発、予報技術、情報伝達技術の向上などにより、警報・避難体制が整備されてきた甲斐あって、バングラデシュでの水害による人的被害は減少傾向にあります。

しかし２０２２年６月、モンスーンによる豪雨が発生すると、少なくとも41人が死亡し、

600万人近くが孤立したといわれます。人的被害が減少傾向にあるとはいえ、水害が発生しやすい環境であることは、これまでも、そしてこれからも変わりありません。そして、バングラデシュの水害要因は洪水だけではありません。夏になると、沖合のベンガル湾で発生するサイクロンによる高潮の被害が拡大することがあります。

そして、**サイクロンがきっかけとなって印パ戦争が勃発し、その後バングラデシュが独立したという過去があります。**

バングラデシュの独立

南アジアは、およそ200年にもおよぶ実質的なイギリス植民地時代を経験しました。第二次世界大戦後、1947年8月にインドとパキスタンは分離独立します。このときの「パキスタン」は現在のパキスタンとバングラデシュを含んだ地域でした。こういう他国で領土が隔てられている状態を飛び地（エクスクラーフェン）といいます。パキスタンとバングラデシュはイスラーム教徒が多数居住するという共通点があり、一つの国としてイギリスより独立しました。

しかし、パキスタンの言語はウルドゥー語、バングラデシュの言語はベンガル語であり、元々異なる民族同士が一つの国に混在している状態でした。経済的実権はパキスタンが握っており、バングラデシュに対する優位性を保っていました。

イギリス植民地時代のインドには、イギリスが直接支配していたムンバイ、マドラス、コルカタなどを除くと、664もの藩王国（Princely States）がありました。イギリスは藩王国を治める各藩王にイギリス王室への忠誠を誓わせ、間接的に藩王国を支配していました。**藩王国を治める藩王はラージャと呼ばれ、特に強大な権限を持っていたラージャはマハーラージャと呼ばれていました。**わが国では「マハラジャ」と表記されることが多い名称です。

イギリスがインドに対する宗主権を放棄するさい、664もの藩王国に対してはインドとパキスタンのどちらに帰属するかは各藩王の裁量に任せるとしましたが、インドに近い藩王国はインドへ、パキスタンに近い藩王国はパキスタンに帰属するよう強く推奨しました。

しかし、**カシミール藩王国は住民の多くがイスラーム教徒であったのに対し、ヒンドゥー教徒であった藩王は独立を希望しました。**1947年10月、パキスタンはカシミールに対して暴徒を侵入させ、藩王にパキスタンへの帰属を求めました。カシミールの中心都市スリナガルの近郊まで暴徒が侵入したため、カシミール藩王のハリ・シンはインドに援軍の提供を求めました。

インドは、援軍を派遣する代わりにカシミールのインドへの帰属を表明させます。これによってインド軍がカシミールへと派遣されると、パキスタンもカシミールに軍隊を派遣しました。これによって両国が衝突し、第一次印パ戦争へと発展しました（その後、停戦合意）。1965年8月になると、中印国境紛争を発端にして第二次印パ戦争が勃発しますが、国際連合の仲裁で停戦が合意され、停戦ラインに沿って印パ両軍が対峙する緊張状態となっていきます。

そして**1970年11月、大規模なサイクロン・ボーラが東パキスタンを襲います**。少なく見積もって30万人、多くて50万人を数える死者を出しました。しかしパキスタン政府は、災害復興に向けてほとんど無策だったこともあり、東パキスタンの不満は頂点に達します。東パキスタンはパキスタンからの独立に向けて動き出しますが、これを阻止しようとパキスタン政府が軍を差し向けたことで難民が多く発生し、インドへと流出しました。

ここでインドが東パキスタンの分離独立に介入し、三度《みたび》、パキスタンとの間で戦争が勃発します。これが第三次印パ戦争です。結局この戦争はインドが勝利したこともあって、翌1971年に東パキスタンはバングラデシュとして独立しました。

災害規模は大きく減少したとはいえ……

サイクロン・ボーラは、インド東部からバングラデシュにかけての地域を通過したこともあり、これらの地域で特に水害被害が多かったといいます。1970年代から1980年代にかけては、現在よりもはるかに防災対策が未熟でした。それだけでなく識字率の低さ、防災教育が十分ではなかったことも要因です。

わが国では日本列島に台風が上陸する数日も前から、「台風が来ますので気をつけてください！」と情報が伝達されてきます。これがいかに「命」をつなぐことに役立っているかを実感している人はなかなかいないように思えます。そんな情報を発信しているのが気象庁です。**国民一人あたりにして「コーヒー一杯分」とも言われるほどの少ない予算の中、日々、我々の命を守るために働いてくれています。**

1970年代は特にインドやバングラデシュで人口が激増した時期でした。中でも被災した地域は人口密度が急激に高まり、バラック小屋などの粗末な家屋が多かったため、人的被害が拡大したといいます。その後、防災対策が進んだとはいわれつつも、1991年4月に上陸したサイクロンによる死者数は14万人を数えるほどでした。

しかし2007年11月15日にバングラデシュに上陸したサイクロンは、1970年と1

991年に発生したサイクロンとほぼ同規模の勢力だったようですが、被害は大きく減少しました。それでも被害の内訳は死者3363人、行方不明者871人、破損した家屋が152万戸、被災者総数890万人に及ぶと発表されていて、決して少ない数字ではありません。

「災害は忘れた頃にやってくる」という言葉は言い得て妙ですが、これもまた現実です。「災害大国」である日本で暮らす以上、そのような意識を持つべきなのは、毎年9月1日や1月17日、そして3月11日に限った話ではないのです。**常に命の危険に晒されており、「命」を繋ぐこととはどういうことなのかを自ら考えて実践していかねばなりません。**

まとめ

- バングラデシュは水害リスクが高い地域で、季節ごとの雨季には河川流量の急増による洪水が常に脅威となっている。
- 1971年、パキスタンに属していたバングラデシュは、サイクロンにより数十万人の死者を出した。この時のパキスタン政府の無策に対し不満を持ったバングラデシュは、独立へ向けて動き出すこととなった。

5-5 メキシコで発生した地震の被害が拡大しやすいわけとは?

メキシコの地勢

プレート境界周縁の変動帯では地震が頻発し、そして火山が存在します。特にプレートの狭まる境界やずれる境界ではそれが顕著です。

環太平洋造山帯は、太平洋を囲むように分布しており、北アメリカ大陸の西部にずれる境界が存在し、それ以外は狭まる境界、特に沈み込み型が形成されています。プレートの沈み込み型では、重い海洋プレートが軽い大陸プレート、またはより軽い海洋プレートの下に沈みこむさいに地震が頻発します(**図1**)。

ポイント

- メキシコは地震のさいに被害が拡大しやすい
- 首都のメキシコシティは大気汚染が深刻な都市として知られている
- なぜこのような環境下にあるのかといえば、メキシコの地体構造に理由がある

図1 沈み込み型での地震のメカニズム

memo 海洋プレートは大陸プレート引っかけながら沈み込み、引っかかりが取れると地震が発生する

出所：『目からウロコのなるほど地理講義（系統地理編）』（学研プラス）

そんな環太平洋造山帯下にあるのがメキシコです。

そのためメキシコでは古くから地震が頻発しており、また火山が多い国です。最も標高が高いポポカテペトル山は5393mの高さをほこります。またエルチチョン山の標高は1150mとそれほど高くはありませんが、1982年の大噴火より火砕流が発生し、これによって多くの死者を出しました。またこの時の噴火によってエアロゾルが成層圏にまで達し、地球の平均気温が若干低下したといわれています。

そういえば1993年に、わが国で「平成の米騒動」が起きたさいの冷夏は、その2年前に発生したフィリピンのピナトゥボ火山の爆発が原因だったといわれています。また、今から7万年前に始まった最終氷期は、インドネシアにあったトバ火山（現在はトバ湖になっている）の大爆発による火山灰の増加によって太陽エネルギーが減少したことが要因で

図2 世界のプレートの分布と変動帯

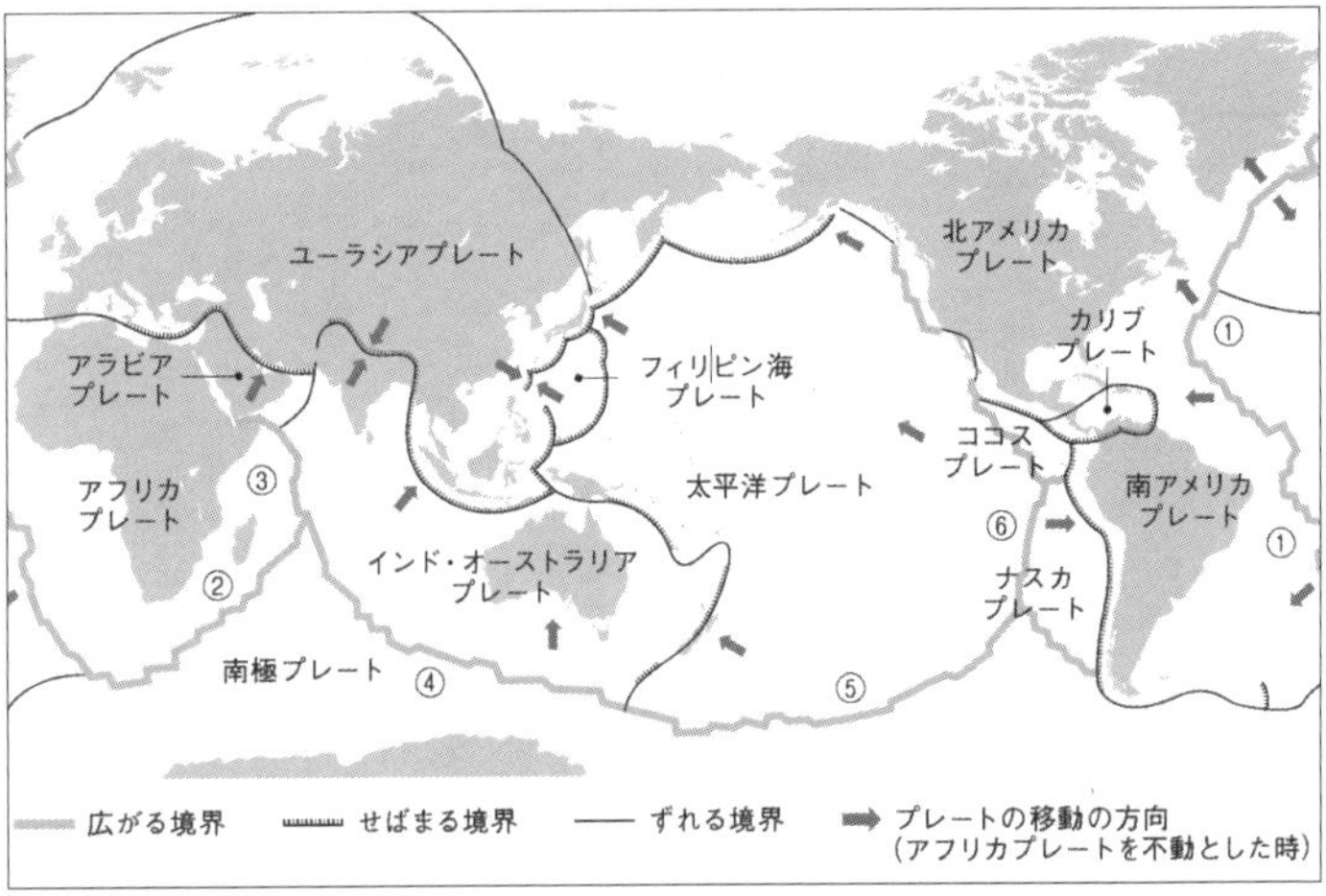

memo 環太平洋造山帯には、せばまる境界とずれる境界が存在している

出所：『目からウロコのなるほど地理講義（系統地理編）』（学研プラス）

はないかといわれるほどです。

メキシコは、北アメリカプレート、カリブプレート、ココスプレートの3つが集まる場所に位置しているため、地震や火山の多い国です（図2）。そのため、全体的に高原状の地形を示し、本来であれば熱帯気候が展開するほどの低緯度に位置しているにもかかわらず、比較的温暖な気候が年中続きます。これが、一年中かぼちゃの栽培に適した「地の利」となっており、日本の端境期《はざかいき》に合わせて出荷されています。

かつてのアステカ文明の地

メキシコは、かつてアステカ帝国が栄えた場所であり、古代遺跡が残る場所が数多く存在します。

アステカ帝国は1428年から1521年まで続いた文明国家であり、メキシコ高原上に版図《はんと》を築いていました。首都はテノチティトランに置いてあり、ここは現在のメキシコシティに相当します。当時のメキシコ高原には、ひょうたんのような形をした大きな湖が存在していました。南北に20㎞、東西に10㎞ほどの大きさだったといわれます。湖の名前はテスココ湖と名付けられており、そこに浮かぶ島にテノチティトランがあったとされています。人口規模はおよそ20万といわれ、かなり大きな都市だったようです。後にテスココ湖は埋め立てられ、その原形はほとんど残されていません。

こうして現在のメキシコシティが建設されていくわけですが、元々は湖だったこともあって、メキシコシティは軟弱地盤が広がる土地となっています。そのため地震が発生すると、被害が拡大しやすいという弱点を持っています。

先述の通り、メキシコは地震が頻発する国であり、歴史上、幾度も大きな地震に見舞われてきました。特に被害が大きかったのは、1985年9月19日に発生した地震です。この時は、地震の規模を表すマグニチュードは8・0を記録し、翌日にはマグニチュード7・5の余震を記録しています。震源地は太平洋に面したラサロ・カルデナスという都市の近くで、震源の深さは27㎞でした。しかし、この地震で最も被害が大きかったのが、ラサロ・カルデナスから300㎞も離れたメキシコシティでした。

埋め立てられた軟弱地盤は地震に弱い一方、かつての湖底は強固な地盤であったため、地震波の増幅によって長い時間揺れる長周期地震動が発生しました。これによって多くの建物が平たく押しつぶされるように倒壊しました。この地震による死者はおよそ1万人とされており、全壊した建物は3万棟を超えました。

また、この地震から32年後の2017年の9月19日にもマグニチュード7・1の地震が発生しています。32年前の大地震と同じ日であったため、各地で防災訓練が催されていたところ、実際に地震が発生しました。

メキシコシティの大気汚染

メキシコシティは大気汚染に悩まされている都市でもあります。

メキシコは高原状を示す地形であるため、首都メキシコシティは標高2240mの場所に位置します。そして**周囲を山地に囲まれる盆地状をなしており、空気が滞留しやすい地**

形となっています。また、高標高に位置して空気が薄く、ガソリンなどの燃料が不完全燃焼を起こしやすい環境であるため、地勢的な要因と重なって大気汚染が深刻化しています。さらに近年の経済成長にともなう自動車保有台数の増加が、これに拍車をかけています。

そのため、メキシコ政府は公害の発生要因となる産業をメキシコシティの外に移転させるなどの対策を講じています。また、ノーカーデイを儲け、自転車促進運動を実施するなどしています。しかし、2019年には世界保健機関（WHO）が定める安全指針の6倍以上ものPM2・5の濃度を記録するなど、まだまだ前途は多難なようです。

まとめ

- メキシコは変動帯に位置しているにもかかわらず、首都メキシコシティはかつての湖を埋め立てて建設された都市であり、軟弱地盤が広がり地震被害が拡大しやすい。
- 地形的要因から大気汚染も深刻であり、経済成長にともなう自動車増加がこれに拍車をかけている。

5-6 乾燥気候のパキスタンで、なぜ大洪水が発生したのか？

パキスタンの大洪水 ―未曽有の災害と地形―

2022年6月中旬から7月初旬にかけて、パキスタンにおいて例年の3倍を超える降水量が観測され、大洪水が発生しました。

パキスタンのシェバズ・シャリフ首相は当時、この状況を **"It is water everywhere as far as you could see. It is just like a sea."** と述べました。要するに「いたるところに『洪水の海』が広がっている」ということなのでしょう。またシェリー・レーマン気候大臣は「国土の3分の1が水没している」と述べました。特にバローチスターン州、

ポイント

- モンスーンの通り道ではないはずのパキスタンにおいて、2022年6月以降、モンスーンの影響で洪水が発生し、国土のおよそ3分の1が水没
- 例年の3倍を超える降水量、近年の植生の減少などによって地盤が脆弱化していた
- パキスタンは世界的な小麦の生産国

図1 パキスタンの各州と農業の特徴

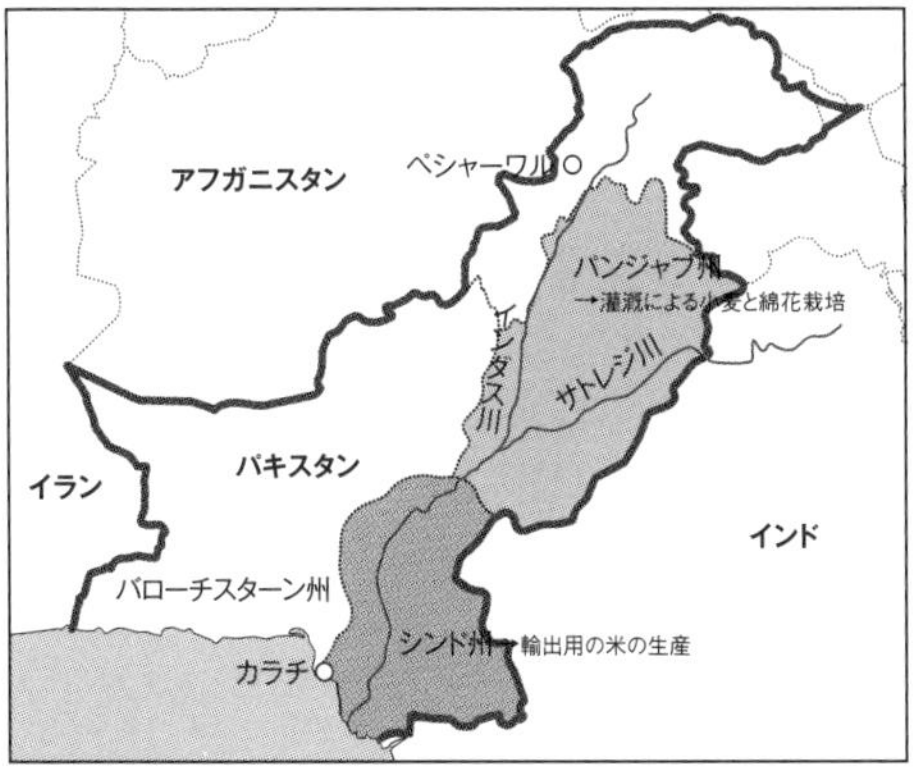

memo 立ち上がった犬のような形をしているのがパキスタン

出所：著者作成

シンド州、カイバル・パクトゥンクワ州、パンジャブ州で甚大《じんだい》な被害を出し、過去数十年を振り返っても、これほどの洪水被害はなかったといいます。

図1はパキスタンの各州と農業の特徴を示したものです。分かりやすいように、インダス川とサトレジ川を太くしてあります。北部から西部にかけては山岳地帯であり、ここでは乾燥気候が広く展開しています。

一方、国土の東部はインダス川が流れており、低地が広がります。ここでは古くからインダス川の河川水を利用した灌《かん》漑《がい》農業が行われていて、インダス文明が栄えた地域でもあります。パンジャブ州での小麦や綿花の栽培、シンド州の稲作などが知られています。

パキスタンはインドやバングラデシュと違って、ほとんど季節風（モンスーン）の通り道とはなりません。そのため、**夏の降水量が極端に大きくなることは基本的にはないのです**。年降水量はペシャーワルが470㎜、カラチが183㎜です。両都市ともに短いながらも7～8月が雨季となっていますが、それほど大きな降水量は見られません。ちなみに、日本の年降水量はおよそ1800㎜であり、世界平均のおよそ2倍の年降水量を示します。

洪水が発生したときのパキスタンでは、6月からのモンスーンによる降水量が例年の3倍を超えていたといいます。

変化し続けるからこその「自然」

こうした大規模な災害に直面すると、**自然環境というのは「同じ事が続くことこそ、本来は異常なこと」**であることが分かります。人間の目線で考えれば突発的な大雨も、自然からしてみれば「平常運転」というわけです。

本来、都市のインフラ整備というのは、地形や気候といった自然環境に応じて進められるものであり、各地域に最適なインフラ整備というものが存在するはずです。東京においては、年に一度あるかないかの大雪に備えた街づくりではなく、都市型洪水に備えた地下

図2 植生分布図

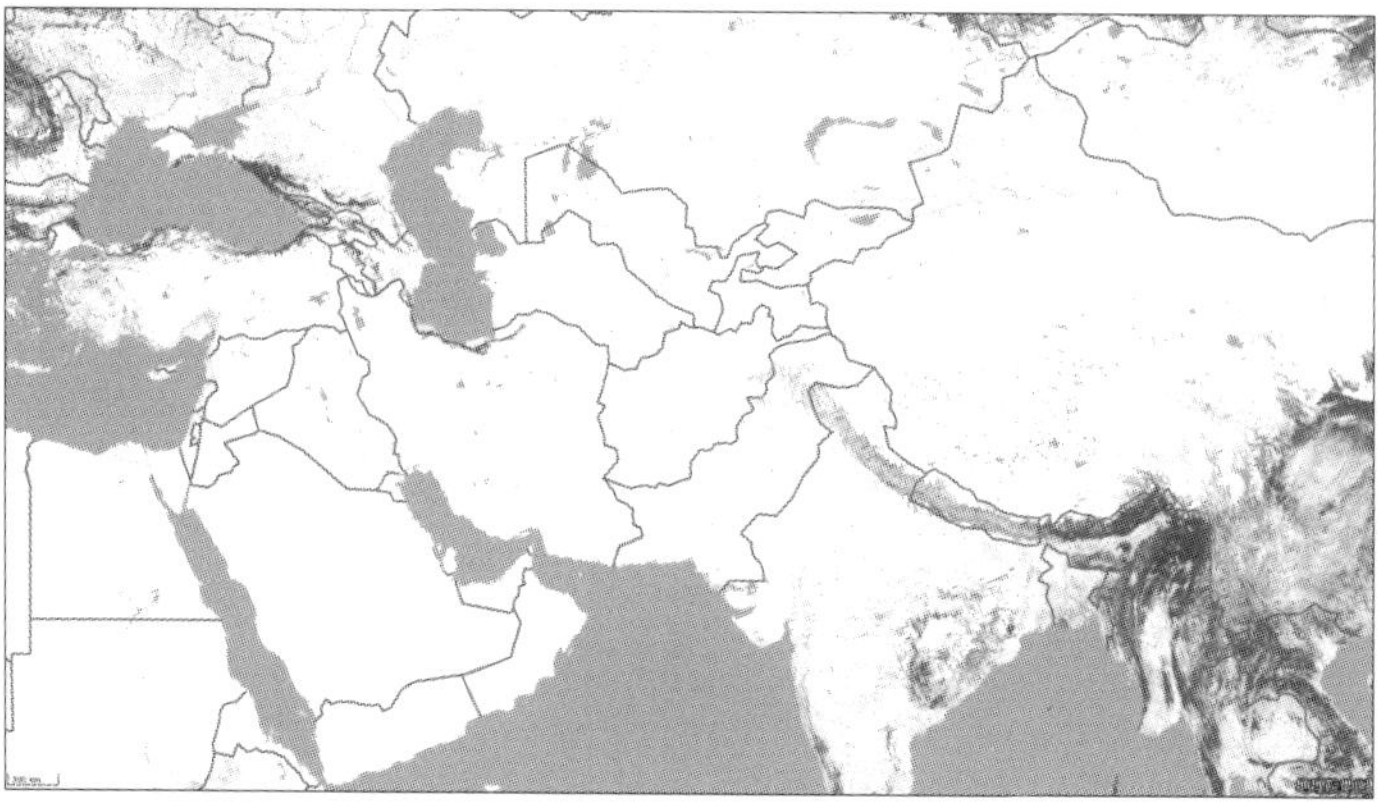

memo モンスーンの影響が小さい地域は植生が少ない（モヤモヤしているところが植生）

出所：地理院タイルに国境線を追記して掲載

調節池や地下トンネル式調節池などが建設されているのがその好例です。

今回、パキスタンで洪水被害が大きかった地域は、こうした、「本来、降水量が少ない」という自然環境に応じたインフラ整備が進められていたはずです。そのため、突発的な大雨に対応できず、被害が拡大したと考えられます。

図2の植生分布図《しょくせいぶんぷず》を見ても分かる通り、パキスタンを含め、モンスーンの通り道とならない西アジアや中央アジアにおいては植生がほとんどありません。**植生があるからこそ、根を張り、降った雨を吸い上げ、地盤を強固なものとするのです**。しかし、パキスタン

にはほとんど植生がないことから、突発的な大雨がもたらされると水が河川へと一気に流れ込みます。河川の流量は増え、排水が追いつかず河川が逆流したり、氾濫《はんらん》したりするというわけです。

よって、「地球温暖化防止のために脱炭素を目指すぞ！」と山を切り拓き、植生を取っ払って太陽光パネルを敷き詰めることが、いかに自殺行為かということが理解できます。自然を破壊しながら「地球を守る！」と言っているわけですから、もはや「何かの利権なのか？」と疑うしかないというものです。

明らかになった洪水被害の全容と、食料安全保障への影響

パキスタンの国家防災管理庁の発表によると、今回の洪水被害に遭った地区には、人口の15％に相当する人々が居住しているとのことでした。パキスタンの人口は2億3140万人（2021年、世界銀行）ですから、**およそ3471万人が洪水被害に遭っていると考えられます**。特に被害が大きかったのは南部のシンド州のようです。「南部のシンド州」というより、「インダス川下流域」と捉えた方が理解は早いかもしれません。

パキスタン北西部では中国とパキスタンによるダム建設が行われていた最中で、その一部が崩壊しました。**ダムとは本来、「洪水対策」「灌漑用水の確保」の2つの機能を有する**

ものです。パキスタンのような乾燥気候が展開する国では、「灌漑用水の確保」は重要であり、今回のような「洪水対策」にも一役買ったことでしょう。

今回の大規模洪水を受けて、パキスタンの証券会社、Arif Habib（アリフ・ハビブ）はパキスタンの成長率予測を5％から2・5％へと下方修正しました。同社は農作物と家畜に20億ドルもの損害が出ると試算していて、農作物別では米が30％、綿花が7％、サトウキビが10％、それぞれ生産量が減少すると考えられています。国連発表のデータによると、具体的に２００万エーカー（およそ８０９４平方km、四国のおよそ4割程度）の耕作地、80万頭近くの家畜に損害が出たとのことです。

さらに収穫されていない作物が全滅し、小麦などの蓄えも同様に流されてしまったとのことで、胸が痛みます……。

特にパキスタンのような低緯度に位置する国では、秋に播種《はしゅ》して冬を越し、翌夏に収穫する「冬小麦」の栽培が中心です。そのため、今回の大規模洪水は、およそ1か月後に迫った播種を困難とさせるには十分過ぎる状況でした。また、シンド州はインダス川の下流域に位置しているため、地勢的に全体として海抜《かいばつ》高度が低く、洪水によって水没した地域から水が引くまでに時間がかかると予想されました。

生産量が多いからといって、必ずしも輸出量が多くなるとは限りません。それは中国のように世界最大の米の生産国でありながら、国内人口が多く米の需要が大きいため、輸出に回す分がほとんどないことからも分かります。

パキスタンは世界7位（２０２０年）の小麦生産国ですが、人口増加による国内需要の増大から輸出余力はほとんどありません。そして、**パキスタンはフィリピンと並んで、アジアの人口急増国として知られています**。

実はパキスタンでは、２０２２年の4月に新しい首相が誕生したばかりでした。この「首相交代劇」は、パキスタンの経済状況の悪化を背景に、不信任決議案が可決されたことがきっかけでした。パキスタン史上初の現職首相の失職であり、当時のパキスタンは対外債務不履行（外国からの借金を返済できなくなる状態）の危機にありました。

ちなみに、債務不履行で有名なスリランカは、「中国の民間債券保有者」からの借入《かりいれ》で２０２２年5月に債務不履行に至りました。パキスタンは同盟国や国際機関からの借入であったため、スリランカほどの危機はないものと考えられていましたが、今回の大規模洪水をうけて、当初の計画よりも多くの資金を必要とすることは必然といえます。

洪水による経済的影響は少なく見積もって１００億ドルになるだろうと、パキスタン財務大臣ミフタ・イスマイルは述べていました。この数値は、パキスタンのＧＤＰ（国内総生産）のおよそ3％に相当する水準です。パキスタンは、当面の救援活動だけでも今後3

年間で80億ドルの援助が必要であると見積もっているようで、食料、医薬品、飲料水などの緊急援助を求めています。

ＩＭＦなどの支援で、ギリギリのところで債務不履行を回避したと思いきや、大規模洪水が発生して弱り目に祟《たた》り目です。そのため、パキスタンでは小麦の収穫、そして秋の播種が停滞することは必至ですし、また世界的な米の輸出国でもありますので、**世界の穀物市場へ与える影響は非常に大きいといえます**。

わが国は、小麦をアメリカ合衆国、カナダ、オーストラリアの3か国から輸入していて、米はほとんど自給しているため、遠く離れたところで起きた災害に想いを馳せることができないかもしれません。災害大国で生活しながら災害と向き合うことがなかなかできない——それは自分で自分の首を絞めるようなものかもしれません。

まとめ

- パキスタンで大洪水が発生したのは、本来降水量が少ないために植生による地盤固めができていないこと、インフラが未整備だったことによる。
- 自然現象は同じ事が続くことこそが異常なのであって、不測の事態に対して日々の備えが必要であることを教えてくれる。

5-7 トルコ・シリア大地震の被害が拡大した理由とは？

夜明け前、恐怖は突然に

人間の命を脅かす恐怖は、ある日突然やってきます。

２０２３年２月６日、トルコ時間の午前１時17分（日本時間午前10時17分）に大きな地震が発生しました。地震の強さを示すマグニチュードは７・８、震源地は、トルコ南東部のカフラマンマラシュ県でした。

地震発生後は40回以上もマグニチュード５〜６の余震が発生し、地震発生から９時間後にはマグニチュード７・６の大きな地震が発生しました。

図１から分かるように今回の地震はトルコ南東部だけでな

ポイント

- 2023年２月６日、トルコ南東部でマグニチュード7.8の大地震が発生し、その後も余震が続いた
- トルコは５つのプレートがひしめき合う場所に位置しているため、歴史的に地震が頻発する国である

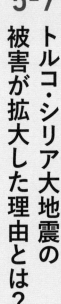

図1 トルコ・カフラマンマラシュ県
（赤色で囲まれた場所、点線は国境線）

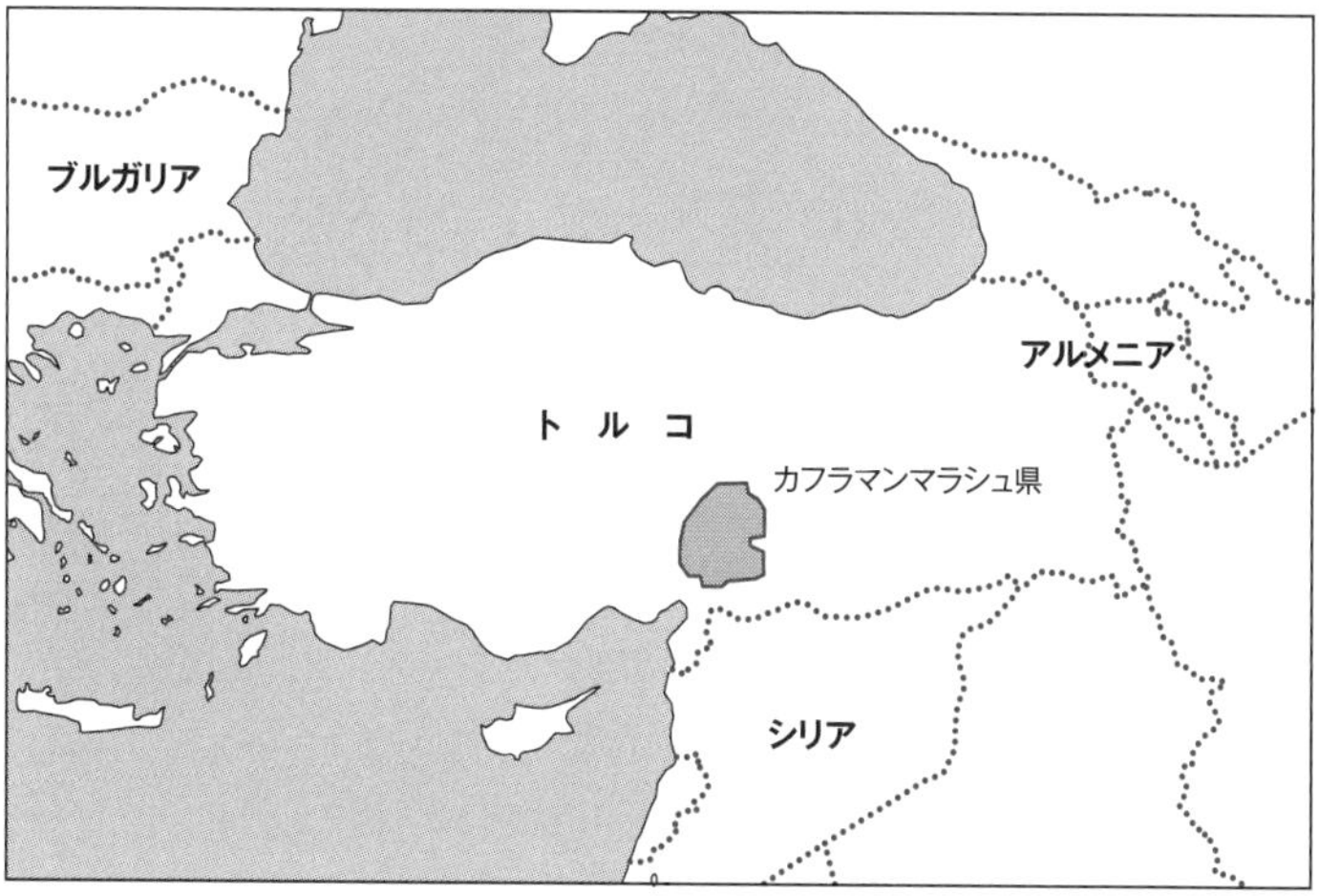

memo トルコの南東部に位置する

出所：著者作成

く、シリア北西部にも大きな影響を与えました。

プレートの境界に位置するトルコ

地震が発生するメカニズムは様々ですが、ざっくり「**プレートの境界では地震が発生しやすい**」ということくらいはみなさんもご存じのことと思います。

日本列島は4つのプレートにまたがって位置しているため、地帯構造上、地震が頻発する地域です。日本の国土面積は世界の陸地面積に対してわずか0・25%しかないのにもかかわらず、

2013〜2022年の10年間で発生したマグニチュード6・0以上の地震発生数は世界全体の1725回に対して、日本だけで291回を数えました。割合にすると16・9%ですので、我々日本人がいかに厳しい自然環境下に身を置いているかが分かります。

さて、**トルコもまたプレートの境界に位置する国**です（**図2**）。トルコ周辺にはユーラシアプレート、アラビアプレート、アフリカプレート、エーゲ海プレート、アナトリアプレート、なんと5つのプレートが存在します。

トルコが位置するアナトリア高原は、そのほとんどがアナトリアプレート上に位置しています。その南東側にはアラビアプレートが位置して北上しており、これがトルコ南東部の断層に歪みを蓄積しています。

今回の地震は、南東部を横切る東アナトリア断層で発生した地震であろうと考えられていて、断層に沿っておよそ190kmをこえる範囲でずれ動き、地震が発生したとのことです。また地震の深さがわずか17・9kmと浅く、これが被害を拡大させたようです。なんと、**阪神・淡路大震災を引き起こした兵庫県南部地震の20倍もの大きさだった**とされています。

また、アナトリアプレートは北側のユーラシアプレートとの間に北アナトリア断層を形成しています。その長さは東西に1200kmです。アナトリアプレートの移動する速度はユーラシアプレートに対して相対的に20〜25mm／年とそれほど速くはないようですが、長

図2 トルコ周辺のプレート

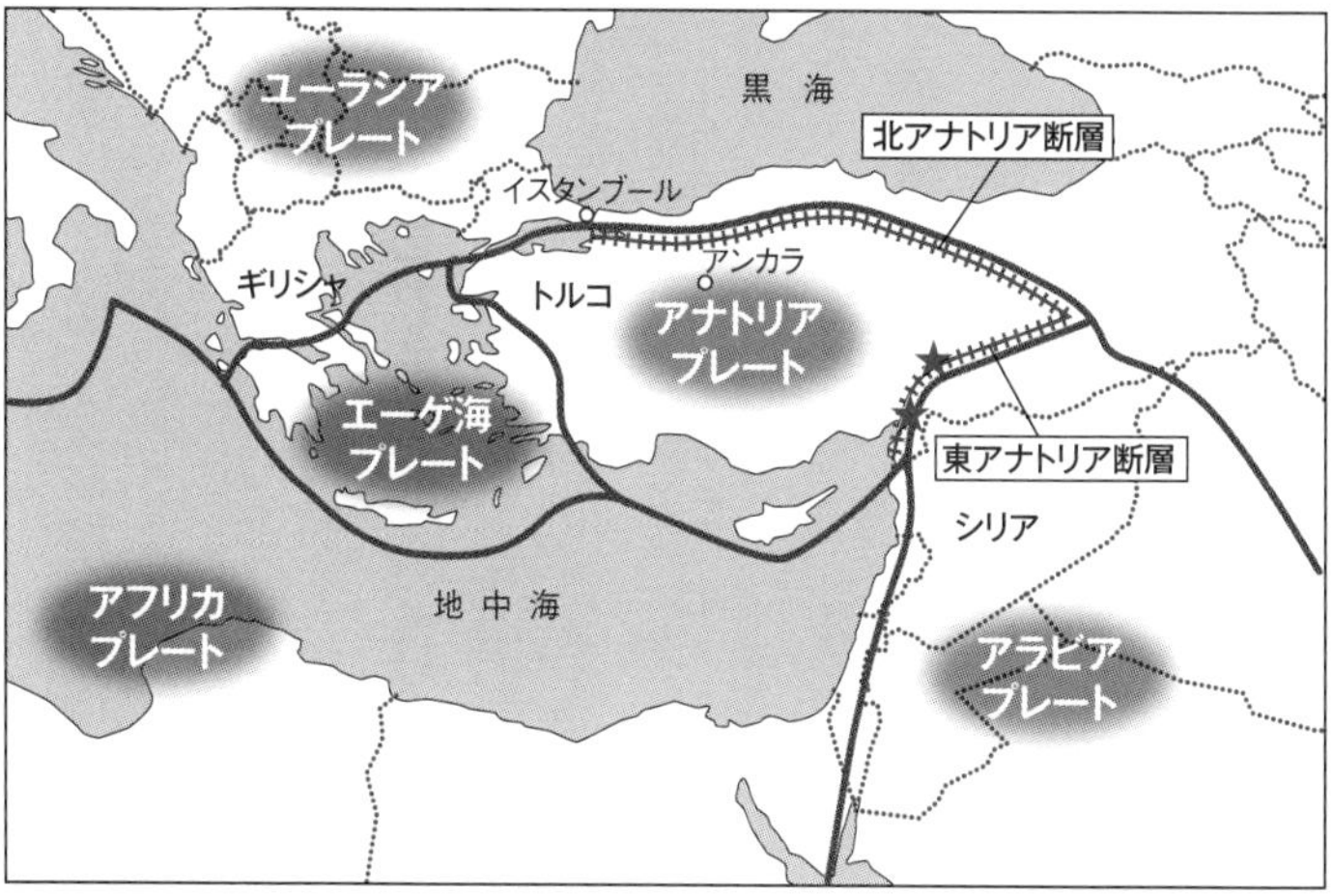

memo トルコ周辺はプレートがひしめきあう（★が2023年2月の地震発生箇所）

出所：著者作成

い年月をかけて歪みが蓄積されていきます。こうして、**トルコは北部と南東部に大きな断層を抱える国となっているわけです**。

さらにアナトリアプレートの西側にはエーゲ海プレートが存在してプレートの境界となっているため、トルコ西部でも地震が発生することがあります。トルコでは1900年から2003年の間に、死者が発生したマグニチュード6以上の地震は合計で72回もありました（オスマン帝国時代含む）。ほぼ1～2年に一度は発生しています。マグニチュード7・0以上の地震に限定すると、実に16回も発生しており、平均すると6年に一度です。

特に1939年12月26日にはトルコ東部でマグニチュード7・8の大地震が発生しており、32968人もの方が犠牲となりました。過去72回の地震の中で、死者数が1000人を超えたのは17回、死者1万人を超えたのは3回です。

「忘れ去られた地域」シリア北西部とロシアの思惑

今回の大地震の震源地はトルコ国内でしたが、**隣国シリアとの国境線からおよそ50㎞と近い場所でした**。

シリア北西部は長らく続くシリア内戦の反政府勢力の拠点となっている場所であり、多くの国内避難民が生活をする場所となっています。シリア北西部で生活するおよそ410万人のシリア国民のうち、3分の2が国内避難民となっていて、280万人が難民キャンプ生活を余儀なくされています。前月に発生した猛吹雪の余波が続いており、氷点下の気温と凍った道の悪影響は、医療チームの到着を遠ざけていました。

シリア北西部は反政府勢力の拠点となっているため、トルコの支援を受けて社会が成り立っています。実際に現地で使用されている通貨はトルコリラです。しかし、昨今のトルコリアのインフレによって経済が疲弊している状況であり、飲料水や燃料、薪などありとあらゆるものが高騰しており、なんと雪を溶かして飲み水を確保するほどに困窮しているといいます。

そこに来て、今回の地震です。

そもそもシリア北西部は、これらの要因など関係なしに状況は悪化の一途を辿っていました。長引くコロナ禍、そしてロシアによるウクライナ侵略で各国の支援がそちらに傾くなか、シリア北西部は「忘れ去られた地域」となりつつあったわけです。

人間にとって最大の不幸は「孤独」です。

シリア北西部が「孤独」となっている大きな要因はロシアにあるといえます。シリア北西部に援助を届けようとすると、ロシアが邪魔をしてきます。というのも、国境を越えた援助に関する国連安保理での決議は、1年ごとに更新されますが、これを半年ごとの更新に短縮を求めたのがロシアです。短縮されれば、決議を失効させる機会が増えるわけであって、ロシアは常に脅しをかけてきたといいます。

現在のシリア大統領はバッシャール・アル＝アサド（任期2000年7月〜）であり、前大統領のハーフィズ・アル＝アサド（任期1971年2月〜2000年6月）は現大統領の実父です。つまり「アサド政権」が50年にもわたって続いているわけで、変化を求める反政府勢力との対立は内戦へと発展しました。

アサド大統領にも「彼らなりの正義」があろうかと思いますが、欧米諸国はシリアを「テロ支援国家」と指定しており、特に２００３年のイラク戦争のさいに、アメリカ合衆国との関係が最悪なものとなりました。そこでシリアが関係を重視したのがロシアと中国です。両国を味方につけておけば、国連安保理における「シリアへの非難決議」に拒否権を行使してもらうことができます。

もちろん、ロシアによるウクライナ侵略において、シリアはロシアの動向を支持しました。だからこそ２０２２年6月29日には、ロシアが自国領だと嘯《うそぶ》いている、ウクライナ東部のドネツク州とルハンスク州が独立国家であるとシリアが承認しているわけです。**ロシアがシリアへの影響力を高めるためにも、こうしたシリア国内の反政府勢力への支援は阻止したい意向があるわけです**。

またトルコ国内には、シリア内戦を逃れた多くのシリア難民が生活をしています。当然、トルコの税金を使って彼らを保護するわけですから、「それは面白くない！」と考えるトルコ国民がいることもまた事実です。こうした感情を利用し、トルコ議会では野党が「シリア難民をシリアへ戻すべきだ！」と選挙公約を掲げていたほどです。トルコの国政選挙と大統領選挙は２０２３年5月に行われ、与党が単独過半数を獲得し、エルドアン大統領は再選しました。

エルドアン大統領自身もシリア難民を帰還させる計画を持っているようですが、結局はシリア北西部へと帰還させることとなりそうです。しかし、現在のシリア北西部は物資が不足しており、緊急の物流支援を必要としています。そこへ来て難民を帰還させるとなれば、さらなる物資の不足が生じかねないわけですから、シリア北西部の状況はさらに悪化することは火を見るより明らかです。

アメリカ地質調査所によるコメント

アメリカ地質調査所（USGS）によると、今回被害が大きかったトルコ南東部では、煉瓦《れんが》積みや脆いコンクリートでできた建物が多く、**「地震の揺れに対して非常に弱い」という指摘があった**そうです。耐震性に乏しく、被害が出やすい地域だったといえます。

トルコでは17118人の死者を出した、1999年8月17日に発生した地震（マグニチュード7・8）により建物の耐震性が見直され、これ以降に建築された建物の大半は新しい基準に基づいて建設されたものです。

しかし、これは最大都市イスタンブールなどでは進んでいるとしても、地方都市ではどこまで進んでいるかは未知数だったといえます。とはいいつつも、公式データによると、イスタンブールにおいても全建物の70・2％が依然として旧建築基準によって建てられた建物とされています。また、イスタンブールのようなトルコ西部ではエーゲ海プレートとアナトリアプレートとの境界に近いため、地震への恐怖が一気にこみ上げて、不安が高まっています。

今回のトルコ・シリア地震でお亡くなりになった方のご冥福を祈るとともに、ここから学べることをしっかりと学んでいく、そして自分の命を繋いでいくという発想を持つべきだと思います。

そのために先人たちがインフラを整えてくれたわけですから。そのおかげで今の自分があり、そして後世の人たちのために、我々ができることを認識して実行に移すべきと思います。

まとめ

- トルコの歴史的な地震多発性によってもたらされた2023年2月の地震は、隣国シリア北西部の深刻な状況にも影響を与えた。
- さらにロシアの思惑やトルコの政治情勢などが絡み合い、被災者たちはさらなる困難に直面した。

第6章

地理学的視点で「人口」を読む

6-1 人口ピラミッドを読む ～中東の産油国～

「働き盛りの男性」が異常に多い国

ある地域や国単位での人口構成は常に変化しています。このような動きを人口動態といいます。そして、ある時点での人口構成を視覚的に把握できるものとして人口ピラミッドがあります。一般に縦軸は年齢階層を示し、左が男性、右が女性の割合をそれぞれ示します。**人口ピラミッドを見ることで、歴史的背景や人口推移、そして将来を予測することができます。**

図1は、アラブ首長国連邦（以下、UAE）、カタール、バーレーンの人口ピラミッドです。さて、この3か国の共通点は何でしょうか？

ポイント

- 中東の産油国では、特定の年齢層の男性だけが異常に多い人口ピラミッドを示す
- それは産油国だからといえるが、外国人がその国の国籍を取得することが難しいこともまた要因となっている

図1　2020年のUAE、カタール、バーレーンの人口ピラミッド

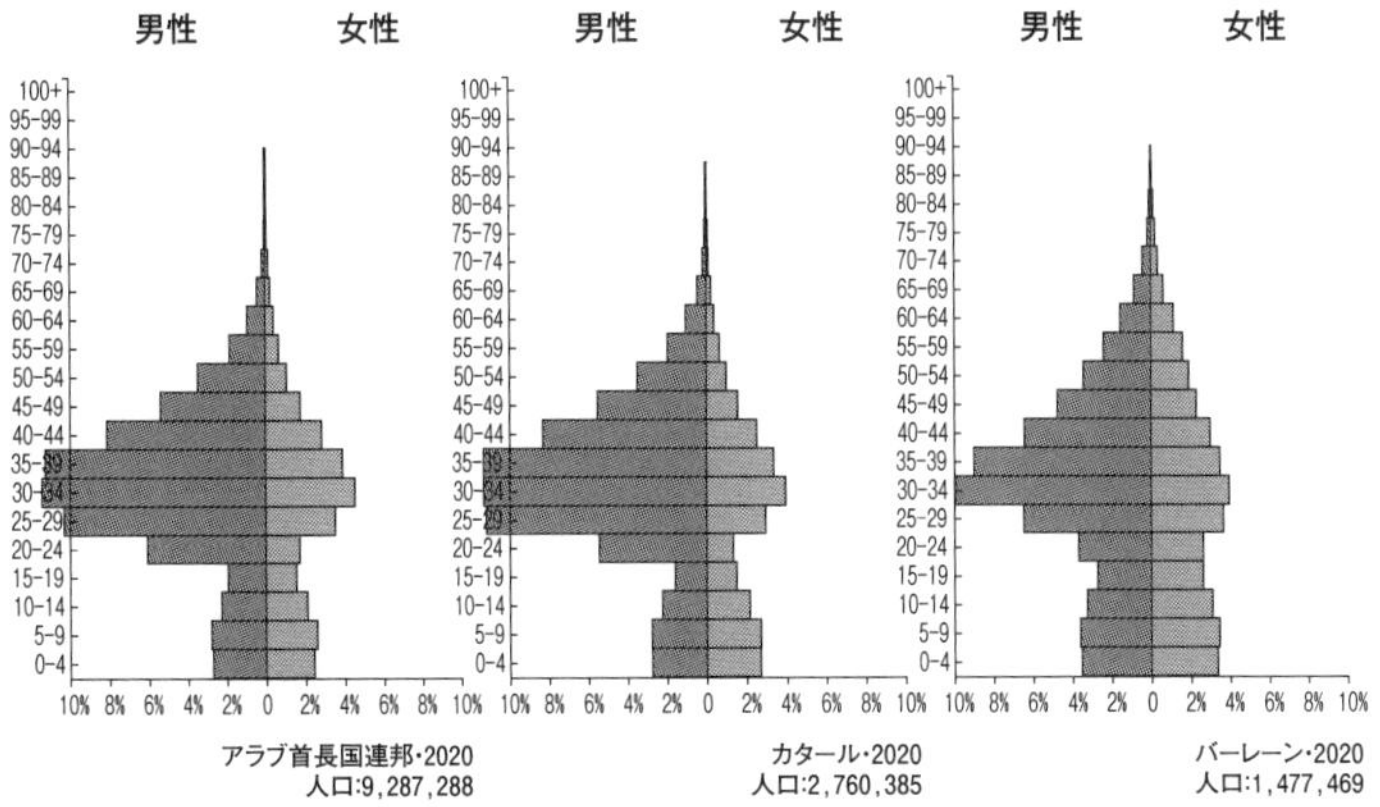

memo 「働き盛りの男性」の割合が高い

出所：PopulationPyramid.net

すぐにお気づきとは思いますが、**この3か国は「中東の産油国」です**。これらの国々は地体構造上、原油や天然ガスの埋蔵に恵まれ、これらの鉱産資源を背景に経済発展を遂げてきました。もちろん、UAEの経済発展には中継貿易が大きく寄与したという側面もありますが、ここでは石油関連産業について解説したいと思います。

中東の産油国は、エネルギー資源の輸出によって得た富をもって、国内の社会資本整備や都市開発を急ピッチで進めてきました。それは同時に、建設業や土木業といった分野における労働力の需要が増大したことを意味します。

これらの国の人口規模（2022年、

図2　アラブ首長国連邦の住民構成の推移

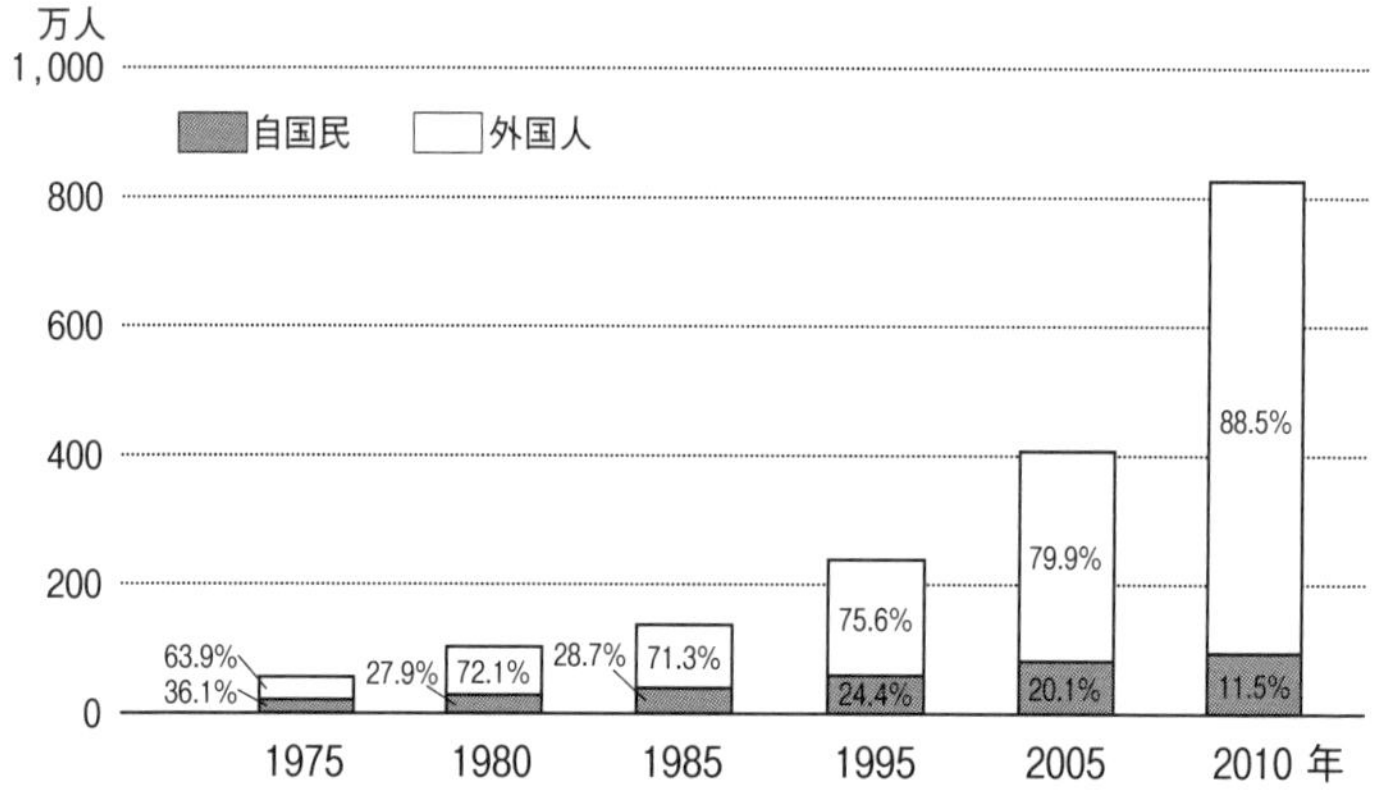

memo 年を追うごとに外国人割合が増加している

出所：UAE連邦競争力統計局

世界銀行）を見ると、UAE944万、カタール270万、バーレーン147万であることから、労働者はそれほど多くないことは想像できます。そこで建設業や土木業における労働は外国人が担うようになり、特にバングラデシュやパキスタン、そしてインドからの移民が増加しました。「あれ!?　インド人ってヒンドゥー教徒だよね!?」と疑問に思われるかもしれませんが、インド国内にはイスラーム教徒がおよそ14%いるといわれており、数にして、およそ2億です。労働者の供給地としては申し分ない数字といえます。

オイルショックは先進国にとってはマイナスのイメージですが、中東の産

油国にとってはプラスに働いたわけで、これによって労働者需要が高まり多くの外国人が移民としてやってきました。

ＵＡＥ連邦競争力統計局によると、１９７５年のＵＡＥ国内の自国民の割合が36・１％だったのに対し、２０１０年には11・５％にまで減少しています（**図2**）。つまり、外国人の割合が増加したということであり、その多くがインド人をはじめとした南アジアからの移民でした。ＵＡＥの中でも、特にドバイは「世界で最も美しいインド人の街」と称されるのも分かる話です。

移民は、特に20代後半〜40代前半の男性、つまり**「働き盛りの男性」が異常に高い割合を占めていて、それが人口ピラミッドに反映されている**ことが分かります。

エネルギー革命とオイルショック

3－4でも述べたように、１９５０年代頃よりエネルギーの中心が石油へと移る、エネルギー革命が興りました。それまでのエネルギー政策は、産業革命以来、石炭が中心でした。しかし、石油は石炭よりも燃焼効率や輸送効率が良いというメリットがあり、石油への注目が集まるようになっていきます。しかし、いくらメリットがあるからといって、価格が高ければ安定供給は難しいといえます。

そこに登場したのが、**採掘から販売までを手がける石油関連企業、オイルメジャーでした**。オイルメジャーと称された企業は、スタンダードオイルオブニュージャージー、ロイヤルダッチシェル、アングロペルシャ社、スタンダードオイルオブニューヨーク、スタンダードオイルオブカリフォルニア、ガルフ石油、テキサコの7つ。これらの企業は「セブンシスターズ」と称されて、世界の石油関連産業を牛耳《ぎゅうじ》っていました。

中東地域へのオイルメジャーの参入は世界の産油量を増やし、供給量の増加が石油価格を安価なものへと変えました。結局、これが主因となってエネルギー革命が興ります。

原油は埋蔵場所を探査し、採掘するには高度な技術と資本が必要ですが、中東諸国は「自国のどこかに原油が埋蔵されているのは分かる。しかし、探す技術もなければ、掘る技術もない……」といった状況でした。そこで、オイルメジャーに採掘権を与え、その対価を得ていました。

しかし、誰しも「自国で産出する資源は、自国の経済発展のために使いたい！」と思うものであって、**石油利権の強大さに気づいた中東諸国は石油産業を国有化していきました**。いわゆる「資源ナショナリズム」の高揚であり、中東諸国は「中東の産油国」となっていきます。この考えをもって結成されたのが、ＯＰＥＣ（石油輸出国機構）やＯＡＰＥＣ（アラブ石油輸出国機構）です。こうした組織は資源カルテルと呼ばれます。

図3　1960年のUAE、カタール、バーレーンの人口ピラミッド

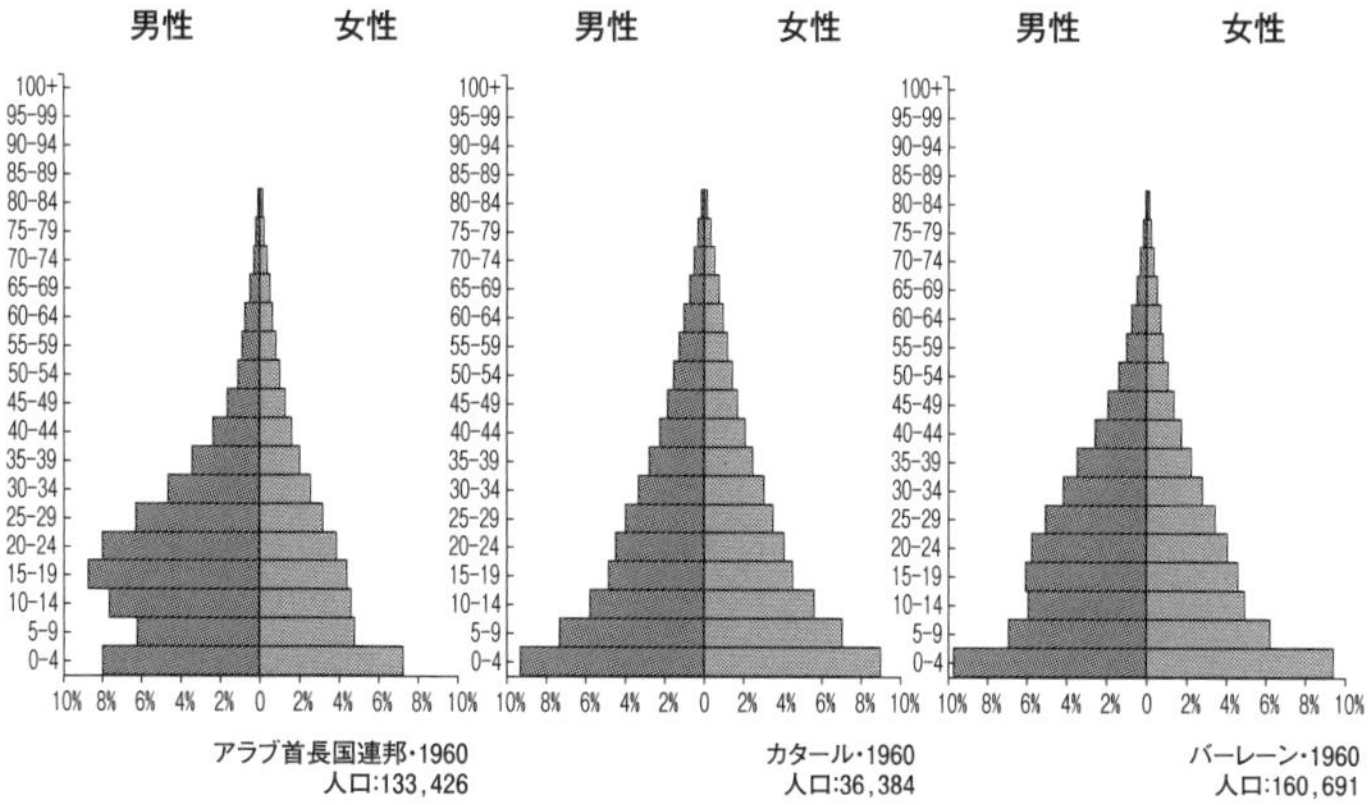

memo　図１ほど男性の割合が高くない

出所：PopulationPyramid.net

そして、１９７３年10月、第四次中東戦争が勃発し、同月16日にはＯＰＥＣ加盟国のうち、ペルシア湾岸諸国６か国が原油の公示価格を70％引き上げることを発表し、翌日にはＯＡＰＥＣが産油量の段階的削減を決定しました。これが第一次オイルショックです。こうして、中東の産油国を中心にＯＰＥＣが世界の石油の価格支配力を手にしました。

石油資源の確保と供給は国家安全保障にも繋がる最重要課題の一つであるため、**中東の産油国は国際情勢をも揺るがす影響力を持つようになって、現在に至ります**。

図３はエネルギー革命が興り始める

1960年のUAE、カタール、バーレーンの人口ピラミッドです。**図1**と見比べても、その萌芽《ほうが》は見られますが、まだ30～40代の男性の割合がそれほど高くなっていないことは一目瞭然です。

老年人口割合が極端に小さい

先に挙げたUAE、カタール、バーレーンの3か国は、老年人口割合（65歳以上人口割合、2022年、世界銀行）が非常に小さい国です。その割合は、UAE1・83%、カタール1・52%、バーレーン3・76%となっていて、「どこかのアジアの島国」の29・1%と比べると、もはや羨望のまなざしすら抱きたくなるほどです。

「少子高齢化」という用語の意味は、出生率の低下により幼年人口割合が低くなり、相対的に老年人口割合が高くなることとです。だからこそ、**少子高齢化とは少子化が先、高齢化がその後に起きます**。中東の3か国がこれほどまでに老年人口割合が小さいということは、「さぞかし、子供たちがたくさんいるのだろう！」と予想したくなりますが、幼年人口割合（2022年、世界銀行）を見ると、UAE15・23%、カタール15・81%、バーレーン20・19%とそれほど高くありません（日本は11・6%）。

つまり、**中東の3か国で老年人口割合が小さいのは、生産年齢人口割合が高いことに起**

因します。3か国の生産年齢人口割合を見ると、UAE82・9%、カタール82・7%、バーレーン76・1%と極端に高くなっています（日本は58・5%）。これは移民としてやってきた、20代後半から40代前半の外国人男性労働者の数が非常に多いことから表れた数値といえます。

移民としてやってきた外国人は当然のごとく年齢を重ねていきますが、特に40代後半に差し掛かると、多くの労働者が母国へと帰っていく傾向にあります。それは図1で40代後半から極端に割合が小さくなっていくことからも理解できます。しかし、彼らが帰国すると、替わってまた若い外国人が移民としてやってきます。つまり、年齢を重ねて65歳以上となっているのは、ほとんどが自国民なのであって、その中には外国人はほとんど含まれていないのです。そのため、**これらの中東の産油国で働く「外国人」は、常に20代後半から40代前半の年齢層に含まれます**。

また、経済発展を背景に開かれた国であるからこそ、イスラームの教えはそれほど厳しくないのか、女性の教育水準、ひいては大学進学率や就業率が向上しました。先進国と比較すればまだまだ低い水準といえますが、女性の労働力率（2021年、ILO）を見ると、UAE54・6%、カタール61・4%、バーレーン45・6%となっており、中東諸国の中では高い水準となっています。

人口ピラミッドの形を読み解くことは、現代世界を考察すること、すなわち地理学を学ぶことなのであって、その変遷を読み解くことは歴史を紐解くことといえますね。まさしく**「地理と歴史は自動車の両輪のようなもの」**であるといえます。

まとめ

- アラブ首長国連邦（UAE）などの中東の産油国は、石油産業の発達にともない、外国人労働力を多く受け入れてきた。
- 彼らは、特に20代後半から40代前半の男性労働者だが、ある程度の年齢を迎えると母国へと帰っていく。そのため年齢を重ねていくのはその国の国籍を持った人、すなわち国民だけであるため、いびつな人口ピラミッドとなっている。

6-2 人口ピラミッドを読む ～アフリカの後発発展途上国～

アフリカの人口ピラミッド

図1はアフリカ全体の1950年と2020年の人口ピラミッドを表したものです。これを見ると、**全くといって良いほど形に変化が見られない**ことが分かります。ほんのちょっとだけ、裾野が狭くなり、背が高くなった程度です。このような形は富士山型といいます。

一般に人口動態は、多産多死型から多産少死型、少産少死型、少産多死型へと転換していきます。わが国（2022年）のように、出生数77万759人、死亡数156万9050人と、自然増減が大幅なマイナス（79万8291人

ポイント

- アフリカ諸国の人口ピラミッドを見ると、富士山型を示す国が多い
- これは、多産多死型から多産少死型、さらに少産少死型への転換が見られないためである
- 依然として多産傾向が続いているのはなぜだろうか

図1　アフリカ全体の1950年と2020年の人口ピラミッド

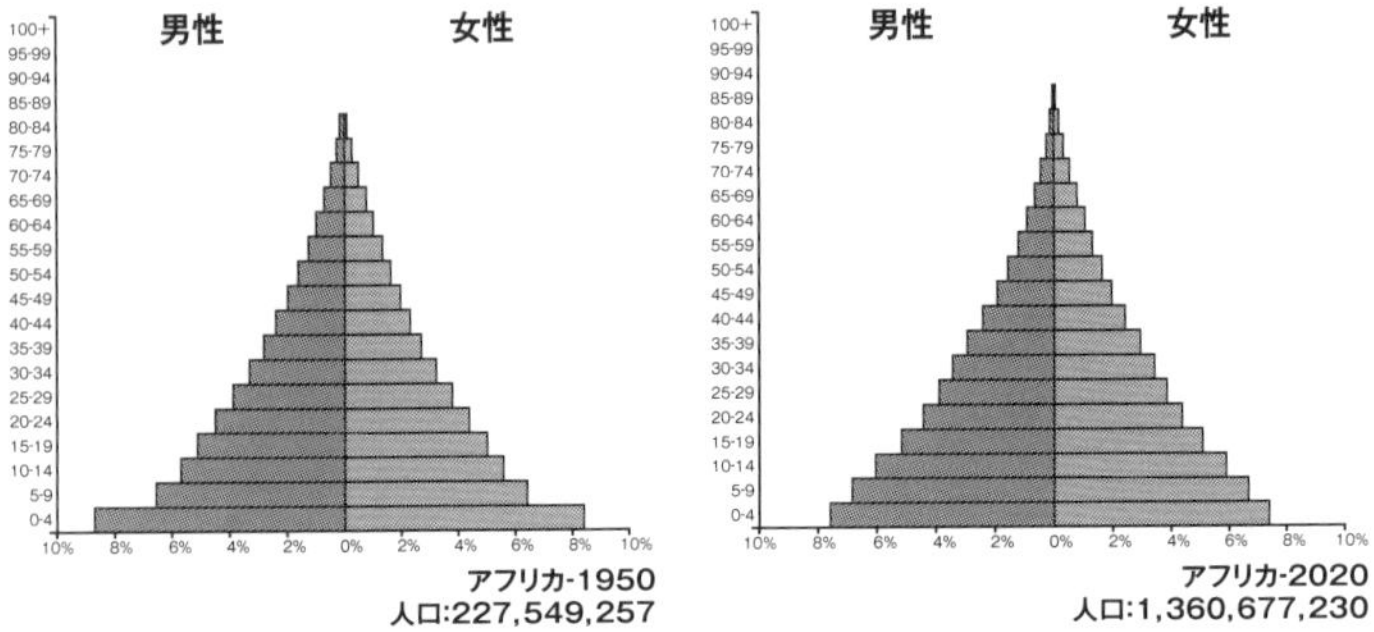

memo 形にほとんど変化がない

出所：PopulationPyramid.net

減）となっている国は、少産多死型といえます。

人口ピラミッドは多産多死型から多産少死型にかけては富士山型を示す傾向があり、**アフリカには富士山型を示す国が多いのが特徴です**。富士山型は出生率、死亡率ともに高く、特に低年齢層の割合が大きくなり、裾野が広く背の低い型となります。多産少死型となっても富士山型であることに変わりはありませんが、やや裾野が狭くなり背が高くなります。

その後は生活水準が向上して家族計画という考えが普及していくと出生率が低下し、人口ピラミッドの裾野が狭くなっていきます。**人口が増えも減り**

図2 人口ピラミッドの変遷の概念図

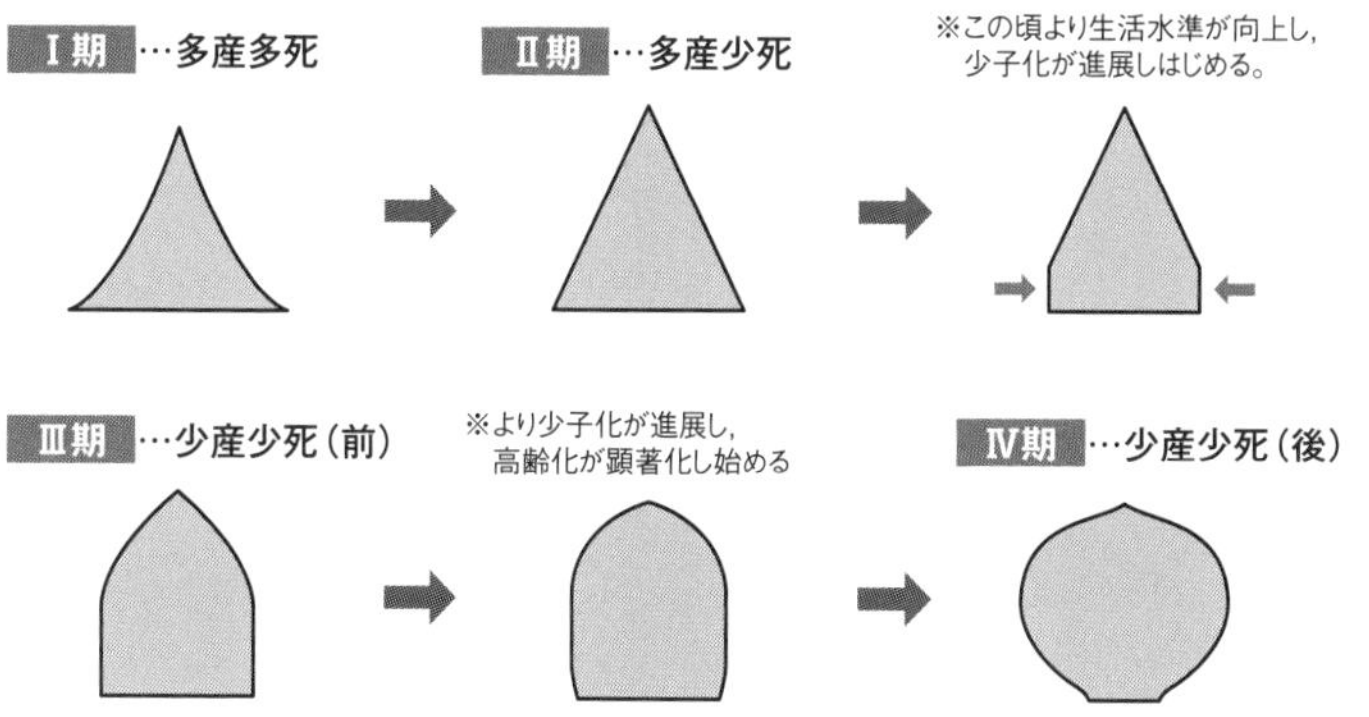
Ⅰ期…多産多死
Ⅱ期…多産少死
※この頃より生活水準が向上し，少子化が進展しはじめる。
Ⅲ期…少産少死（前）
※より少子化が進展し，高齢化が顕著化し始める
Ⅳ期…少産少死（後）

memo 出生率の低下により裾野が狭くなっていく

出所：『目からウロコのなるほど地理講義（系統地理編）』（学研プラス）

もしない人口置換水準は、合計特殊出生率（15～49歳女性が一生のうち生む子供の数）が2・1程度とされていますが、経済発展とともに多くの国でこの水準を下回っていき、人口ピラミッドは釣り鐘型から壺型へと移行します（図2）。

アフリカの出生率と死亡率

世界各国の合計特殊出生率（2021年、世界銀行）を見ると、最も高いのはニジェールの6・82、以下ソマリア6・31、チャド6・26、コンゴ民主共和国6・16、中央アフリカ5・98と続きます。上位50か国中、アフリカ諸

国が40か国を占めていて、上位30か国に限れば15位にアフガニスタンが登場するだけで、29か国がアフリカ諸国で占められています。

最大のニジェールは1990年の段階では7・81も記録していて、ソマリア7・44、チャド7・22の3か国が7・00を上回っていました。以前よりも低下したとはいえ、「多産」であることには変わりありません。

なぜこれだけの高い水準だったかといえば、一言、「貧しいから」といえます。つまり主産業である農業は機械化の進展が遅れて労働集約的であるため、労働者を増やす目的から多産の傾向にあるのです。また65歳になったら国から年金がもらえる日本などとは異なり、社会保障制度が未整備なため、公的年金制度が存在しない国が存在します。こうした国では家族や親戚からの援助、または自助努力によって老後を送らなければなりません。このように、**老後の世話を子供に期待していることも多産傾向にある要因といえます**。

多産多死型から多産少死型への転換は、死亡率の低下傾向を示しています。死亡率低下の要因としては、医療技術の進展や医薬品の普及、衛生環境の改善、栄養状態の向上などが考えられます。もちろん、内戦に明け暮れていた国で和平が成るようになったことも要因の一つであろうとは思います。

死亡率の低下は、主に乳児死亡率（1歳未満）、幼児死亡率（5歳未満）の低下が主因です。**「高齢者の平均寿命が延びた」というより、「乳幼児が死なずにすむようになった」ということです**。世界で最も高い水準の乳児死亡率（2021年、世界銀行）はシエラレオネの78・30‰ですが、1990年には154・80‰もありました。この状況は、1歳を迎えることのできない赤ちゃんが1000人中155人ほどいるということです。

一方の幼児死亡率が世界で最も高いのはニジェールの115・20‰です。1990年統計では、なんと331・60‰もありました。「およそ3人に1人が5歳を迎えられずに亡くなってしまう」という状況でした。どちらの指標も、上位をアフリカ諸国で占有しています。ちなみにわが国の乳児死亡率は1・7‰、幼児死亡率が2・30‰ですから、もはや日本に生まれたことは、まるで「宝くじに当たったようなもの」であるといえます。

経済成長とともに、人口動態は多産多死型から多産少死型へと転換していくものですが、アフリカの中でも特に経済水準の低い国、つまり後発発展途上国は依然として多産多死型といえるのかもしれません。

経済水準との関係性は？

経済発展によって生活水準が向上すると、子供を少なく儲けて生活水準を維持しようとします。この考えが家族計画であり、これによって出生率は低下していく傾向にあります。

国連統計によると、世界の一人あたり名目GDPは1990年の4333米ドルから、2021年に12353米ドルにまで向上しました。アフリカに限定すると、唯一、1万米ドルを超えているのがセーシェルの12085米ドルで、以下1万米ドル未満の国ばかりです。最も低いのはブルンジの311米ドル（1990年は209米ドル）、先ほどから名前が挙がっているニジェールは591米ドル（1990年は429米ドル）です。もはや、日本の高校生がもらうお小遣いの年間合計の方が高いかもしれません。

アフリカ諸国は、数字の上では確かに経済成長が見てとれますが、依然として低い水準にあることには変わりありません。「多産多死型から多産少死型へと転換している」といいたいところですが、まだ多産少死型に移行しきれていない国が数多くあることも確かです。

つまり、**まだまだアフリカは人口増加が続くと考えられます**。アフリカ全体の変遷（カッコ内は世界合計に対する割合）を見ると、1950年に2億2800万人（9・

1％）だった人口規模が、2000年には13億6100万人（12・8％）に増え、2050年には24億8500万人（25・6％）になるといわれています。前世紀後半と今世紀前半を比較すると、確かに増加の速度は鈍化しましたが、それでも世界人口の増加する速さを上回っていますので、世界合計に対する割合が上昇傾向にあります。

まとめ

- アフリカの人口ピラミッドは長らく富士山型を保っていて、特に経済的に困難な状況にある国々で未だに多産傾向が続いている。これは、子供に労働力や老後の世話を期待する親が多いことが背景にある。
- 一方で乳幼児を中心とした死亡率の低下が見られ、人口が高い水準で増加傾向にある。

6-3 人口ピラミッドを読む 〜日本〜

第一次ベビーブーム（1947〜49年）

１９４５年8月14日、昭和天皇による「終戦の詔」が発布され、翌日、玉音放送にて日本国民に大東亜戦争が終わったことが伝えられました。当時は、現代世界を生きる我々の想像をはるかに超える不安感が日本人を支配したのだと思います。

こうした社会的混乱期だったこともあり、**１９４５〜46年にかけて、それまでよりも出生数が激減しました**。それによると、出生数は１９４４年に２２７万４０００人だったのに対し、１９４５年は１９０万２０００人、１９４６年は１５７万６０００人でした。「激減」とはいうものの、令和期の出生数よりも

ポイント

- わが国では、1947〜49年、1971〜74年と二度のベビーブームが起きた
- しかし、第二次ベビーブーム世代が結婚・出産適齢期となっても、第三次ベビーブームは起きなかった

はるかに多い数です。

そして、**社会的混乱期を脱した1947年頃から一転して出生数が増加します**。1947年は267万8792人、1948年268万1624人、1949年269万6638人と、3年間で805万7054人を数えました。現在ではこの3年間を第一次ベビーブームと呼びますが、まだ第二次ベビーブームが起きていないため、当時は単に「ベビーブーム」と呼んでいました。とはいえ、出生数の200万人超は1952年まで続きました。

この世代は、「団塊の世代」と呼ばれることがありますが、これは作家であった堺屋太一さんによる小説、『団塊の世代』に由来するものです。この作品は1976年に雑誌に連載された近未来小説であり、主に事務労働に従事する大卒ベビーブーム世代が主人公となっています。それぞれ独立した4つの物語から構成されていて、特に第四話「民族の秋」は、1999年を舞台としており、高齢化にともなう社会保障制度が立ちゆかなくなる話が描かれているのが鋭いです。

図1はわが国の1950年と1975年の人口ピラミッドです。1950年時点では、第一次ベビーブーム世代は「0～4歳」の世代に含まれるため、男子6・9％、女子6・6％と非常に多くなっています。

図1　日本の1950年と1975年における人口ピラミッド

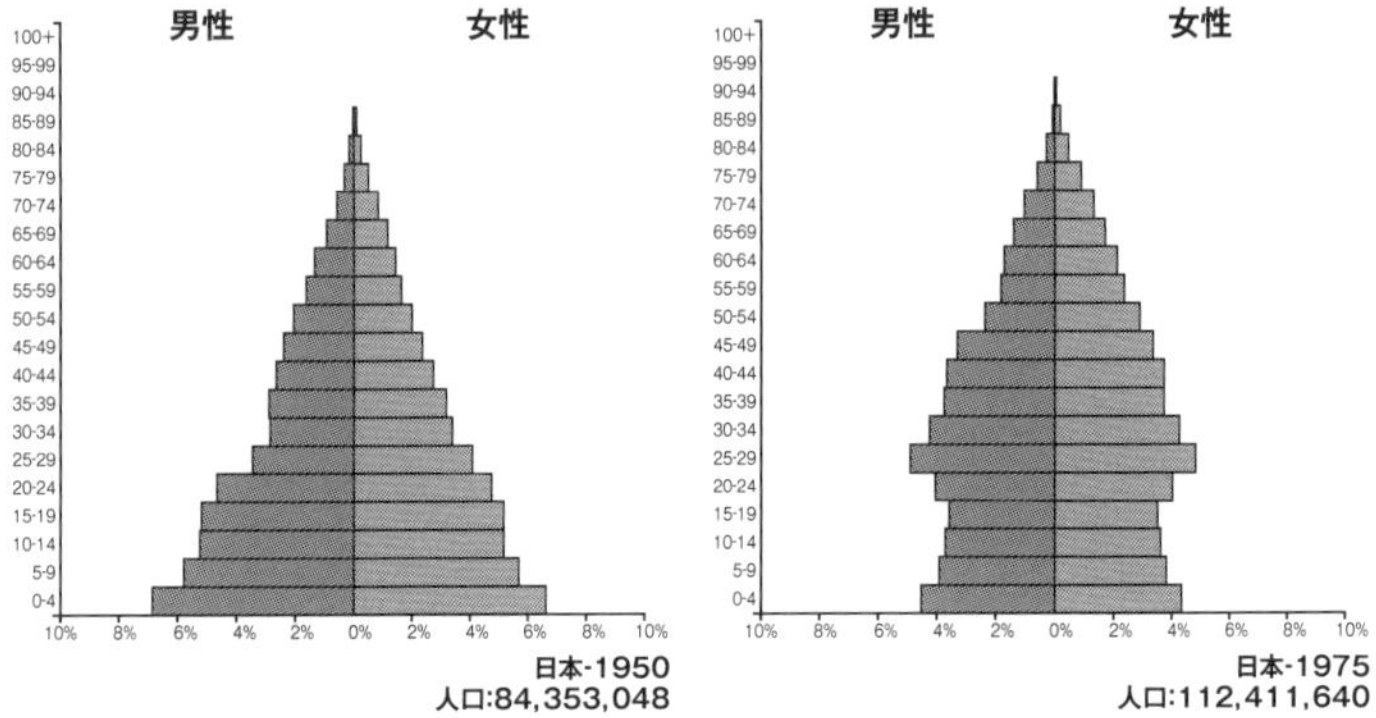

memo ベビーブーム世代を含む年齢層の割合が高いことが分かる

出所：PopulationPyramid.net

この世代が中学や高等学校を卒業して社会へ出る頃（1963〜68年）、時代は高度経済成長期でした。**当時の日本経済は重厚長大《じゅうこうちょうだい》型産業が中心**であり、鉄鋼業や造船業、アルミニウム工業などが経済を牽引していました。当時の日本では集団就職と呼ばれる雇用が見られ、時に製造業においては単純労働力が求められていたこともあり、農村部で育った若者が都市部へ吸収されていきました。また当時の日本では、三大都市圏から遠い、九州地方や東北地方を中心に高等学校へ進学させる経済的余裕のない家庭が多かったこともあり、義務教育終了後に集団就職する若者が多かったといいます。彼らは

「金の卵」と呼ばれ、集団就職列車（つまり臨時列車）に乗って旅立つ光景は3月の風物詩でした。

都市部へやってきた若者はそこで暮らし、やがて結婚して子を儲けました。そして、**1970年代初頭に第二次ベビーブームが起こります**。第一次ベビーブーム世代の数が多かったこともあり、彼らが親になれば子も多いという単純な理由で第二次ベビーブームが起こりました。

第二次ベビーブーム（1971〜74年）

1952年を最後に出生数が200万人を下回っていましたが、1971年に200万973人と200万人を超え、1972年に203万8682人、1973年に209万1983人、1974年に202万9989人と4年連続で200万人を超えました。この4年間を第二次ベビーブームといいます。彼らの多くが「団塊の世代」を親に持つため、「団塊ジュニア」と呼ばれることがありますが、必ずしも第二次ベビーブーム世代と一致するわけではありません。**ベビーブームは第一次と第二次でおよそ25年離れています**。1975年の女性の平均初婚年齢は24・7歳、第一子出生時の母の平均年齢が25・7歳です。

再び**図1**を見ると、1975年の人口ピラミッドでは、第一次ベビーブーム世代は「25

〜29歳」、第二次ベビーブーム世代は「０〜４歳」にそれぞれ含まれており、その年齢層の割合が高くなっていることが分かります。この第二次ベビーブーム世代が大学受験を迎える頃（１９８９〜１９９２年度）、１９７１年度に19・４％だった大学進学率は24・６％（１９９０年度）にまで上昇していたこともあり、なかなか「浪人」を経ずに大学へ進学するのが困難な時代でもありました。大学進学率の上昇は、男性よりも女性の方が顕著であり、現在に至るまで上昇を続けています。１９７０年の女性の大学進学率は12・７％しかありませんでしたが、２０２１年には50・７％にまで上昇しています。女性の進学率の上昇は社会進出を促し、出生率の低下へと繋がっていきました。

２０００年の女性の平均初婚年齢は27・０歳、第一子出生時の母の平均年齢が28・０歳でしたので、ちょうどこの頃に第二次ベビーブーム世代が結婚・出産適齢期を迎えたと考えられます。しかし合計特殊出生率を見ると、１９８９年に１９６６年の１・58（丙午《ひのえうま》の迷信を信じて出産が控えられた年）を下回って１・57を記録してから、いよいよ少子化が叫ばれるようになり、２０００年には１・36にまで低下していました。また、２０００年前後の出生数は１９９９年１１７万７６６９人、２０００年１１９万５４７人、２００１年１１７万６６２人を記録しており、**第三次ベビーブームと呼ぶにはほど遠い水準でした。**
図２で２０００年の人口ピラミッドをみても「０〜４歳」の年齢層の割合は高くなってい

図2　日本の2000年と2020年の人口ピラミッド

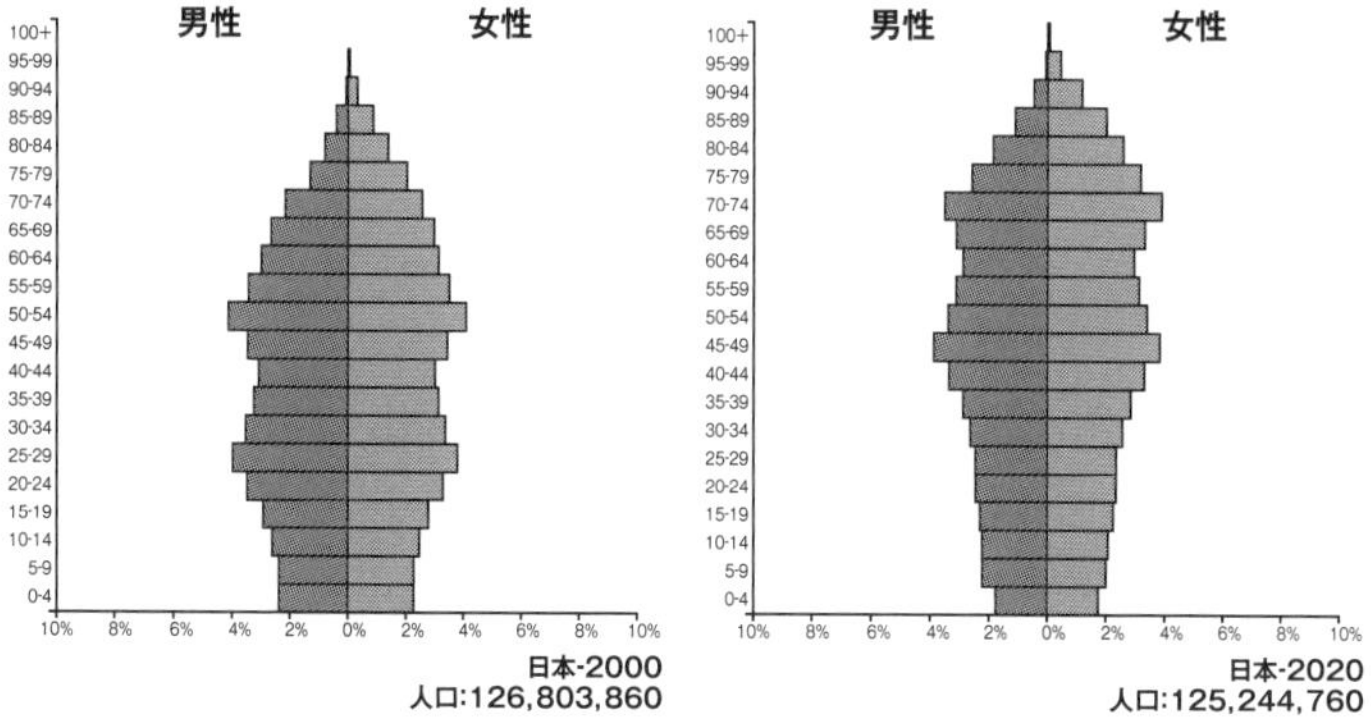

memo 完全なつぼ型となっている

出所：PopulationPyramid.net

ません。

バブル景気が弾けたあと、今日に至るまで、わが国は長い経済の低迷期が続いています。長らく社会不安が拭えないまま、出生数の低水準が続いており、2005年に1・26だった合計特殊出生率は、2015年に1・45まで改善したとはいえ、母となる女性が減っているので出生数の劇的な改善には至っていません。

こうして打開策を見いだせないまま、ただただ時が過ぎ、2020年の人口ピラミッドの型を見ると、恐ろしいほどまでに**「つぼ型」となっている**のが分かります（**図2**）。第一次ベビーブーム世代を含む「70〜74歳」、第二

図3　日本の出生数と合計特殊出生率の推移

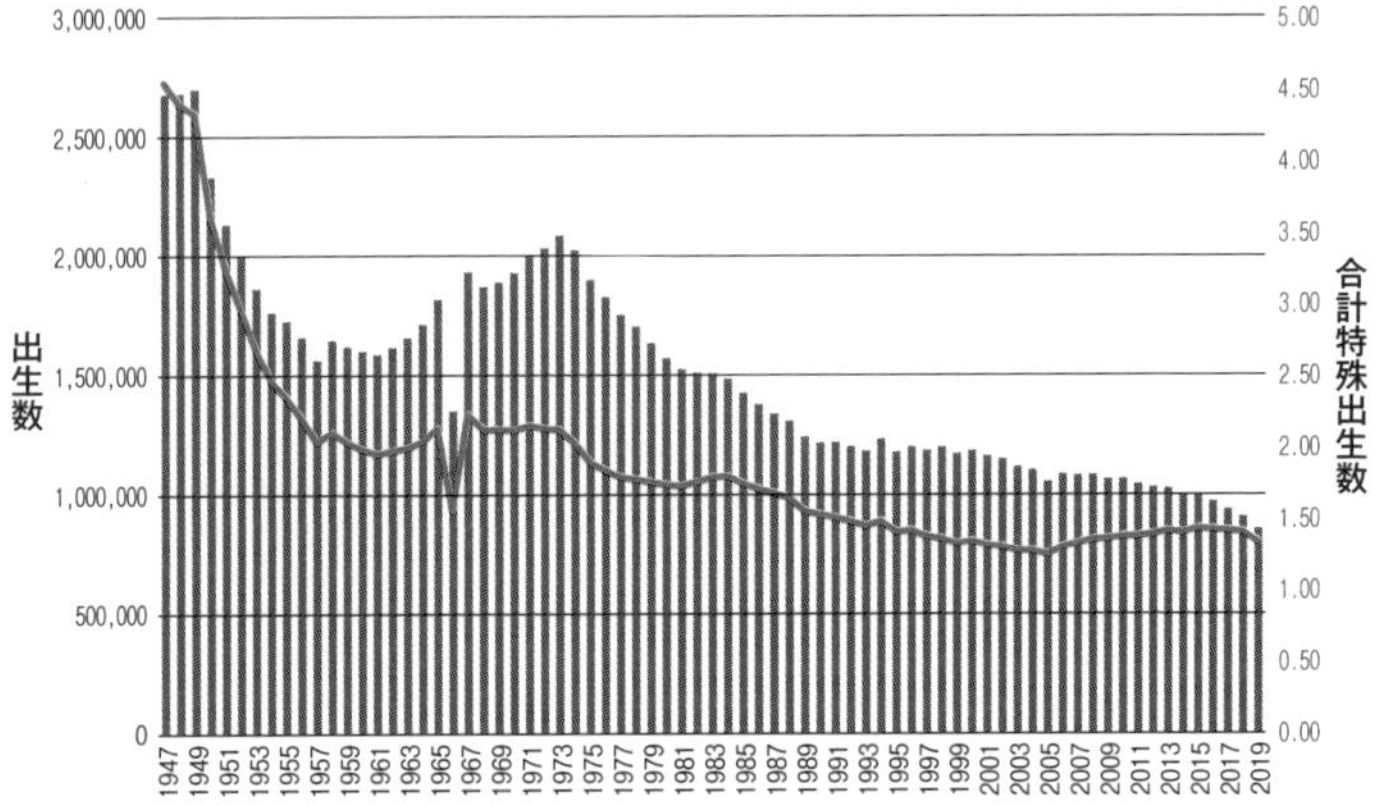

memo 長らく少子化傾向にあることが分かる

出所：著者作成

次ベビーブーム世代を含む「45〜49歳」の年齢層が虚しく、ぴょこんと飛び出しているだけです。

完結出生児数

図3を見るまでもなく、わが国は長期間にわたって出生数の低水準傾向が続いています。

出生数が減少の一途を辿ってきたことで、すでに労働者不足が生じています。労働者は労働の対価として報酬をもらい、その中から生活に必要なものを購入し、そして稼ぎの一部を公共サービスの対価として納税します。**労働者は納税者でもあり、消費者でもありますから、消費者が減少することで**

市場が縮小します。わが国は輸出依存度が小さく、国内需要が経済の中心であり、実は貿易立国ではありません。

あまり知られていませんが、「完結出生児数」という指標があります。これは結婚からの経過期間が15～19年を数える夫婦の平均出生数のことです。つまり、「夫婦で最終的に何人の子供を儲けましたか？」ということであり、「既婚女性限定の合計特殊出生率」と解釈されます。わが国の完結出生児数は戦後に大きく低下しましたが、１９７２年の第6回調査から、２００２年の第12回調査まで安定して２・２前後で推移していました。一方で、合計特殊出生率が低下傾向にあったことを考えれば、**既婚女性は2～3人の子供を生んでいるけど、そもそも結婚しない、または結婚しても1人の子供しか儲けていない女性が増えたといえます**。

一組の夫婦で何人の子供を儲けているかという指数を１９７７年と２０１５年で比較してみると、「2人の子供を儲けた夫婦」の割合は、57・0％から54・1％と横ばいで推移しています。同様に、「3人の子供を儲けた夫婦」の割合は23・8％から17・8％へと低下し、「1人の子供を儲けた夫婦」は11・0％から18・6％、「子供を儲けない夫婦」は3・0％から6・2％へとそれぞれ上昇しています。

非婚女性の増加も加味しなければなりませんが、ひょっとすると「あと1人子供が欲しい！」という夫婦が多く、その願いが叶わない社会構造になっているのかもしれません。

移民の受け入れこそが少子化対策になると考えている人たちがいますが、異なる価値観を持った人たちを安易に受け入れ、わざわざ社会コストが高まるようなことをするくらいなら、そのお金を使って、「あと1人子供が欲しい！」と願う夫婦の要望を叶えてあげることの方が重要ではないでしょうか。

まとめ

- わが国では二度のベビーブームが起きたが、三度目は起こらなかった。それどころか出生数が低迷し、少子化の問題が顕在化している。
- この状況は高度経済成長、労働力の不足、進学率の上昇、女性の社会進出、結婚年齢の上昇などが要因とされる。

6-4 日本より低い!? アジアNIEsの合計特殊出生率

アジアNIEsの高度経済成長

「アジアNIEs《ニーズ》」とは、韓国、台湾、香港、シンガポールの4つの国と地域を指します。まずは国内産業の育成を目指して、輸入に依存していた工業製品の国産化を進めることで経済成長を目指しました。輸入代替型工業化です。しかし、人口規模が小さいということもあり、国内市場や経済圏が狭いため、市場は瞬く間に飽和してしまいました。

そこで、政府による積極的な経済政策を実施し、輸出振興のために関税の減免、非関税障壁の撤廃、投資の促

ポイント

- アジアNIEsは日本よりも合計特殊出生率が低い
- 女性の社会進出などが要因であると考えられており、各国ではさまざまな少子化対策を講じているがどれも芳しい結果は得られていない
- これには社会構造や価値観の変化などが起因していると考えられる

進、教育や技術開発への投資などを行ってきました。資本や技術が乏しいため、国際競争力を高めるためには海外資本の導入は必要不可欠です。これら4つの国と地域は賃金水準が低く、また勤勉であることが評価され、海外企業にとっては非常に魅力的であり、海外からの投資が拡大しました。

これによって1970年代から1980年代にかけて高度経済成長を遂げました。経済成長の特徴は、輸出指向型工業化の進展でした。香港とシンガポールは中継貿易によって輸出依存度が100％を超える国です（2022年は香港が169・1％、シンガポールが132・6％。UNCTAD）。主導した主体が多国籍企業であるシンガポール、民族系財閥である韓国、地場中小企業である台湾や香港といった違いはあるにせよ、**輸出指向型工業化の戦略という点においては共通していました**。

台湾は1966年に高雄《カオシュン》に輸出加工区を、韓国は1970年に馬山《マサン》に輸出自由地域をそれぞれ設置し、シンガポールは既存のジュロン工業地区を1968年に輸出加工区に改めました。

1960年代から70年代にかけては、主に労働集約的な輸出産業が経済成長を牽引しました。繊維、衣類、雑貨、電気・電子機器などの産業です。そして1970年代頃より、重化学工業化が進展します。特に韓国や台湾などは鉄鋼業や造船業、石油化学工業などに注力し、1980年代になるとそれらが大きく成長していきました。

1980年代後半になると、先端技術産業が急速に成長しました。電子機器や精密機械などの産業です。この頃になると、かつてはアメリカ合衆国で製造されたウェーハ（半導体の材料）が東アジアに輸出されて、当地で組み立てられた後、アメリカ合衆国へ逆輸入されていた工程が、東アジア諸国で一通り行われるようになっていったほどでした。

アジアNIEsの少子化の進展

世界銀行統計によると、2022年の日本の老年人口割合は29・1%と高く、30%超となるのは時間の問題です。1990年は12・4%だったのですが、2000年17・8%、2010年23・6%と急上昇しました。2001年まではイタリアの方が割合が高かったのですが、あっという間に抜き去っていきました。少子高齢化とは出生数の減少によって相対的に老年人口割合が上昇することですから、少子化が先に起こります。日本の少子化がいかに深刻かが分かります。

しかし、**日本よりも少子化が進展しているのがアジアNIEsです**。2021年（世界銀行）の合計特殊出生率は、シンガポール1・12、台湾0・98、韓国0・81、香港0・77

図1　日本とアジアNIEsの合計特殊出生率の推移

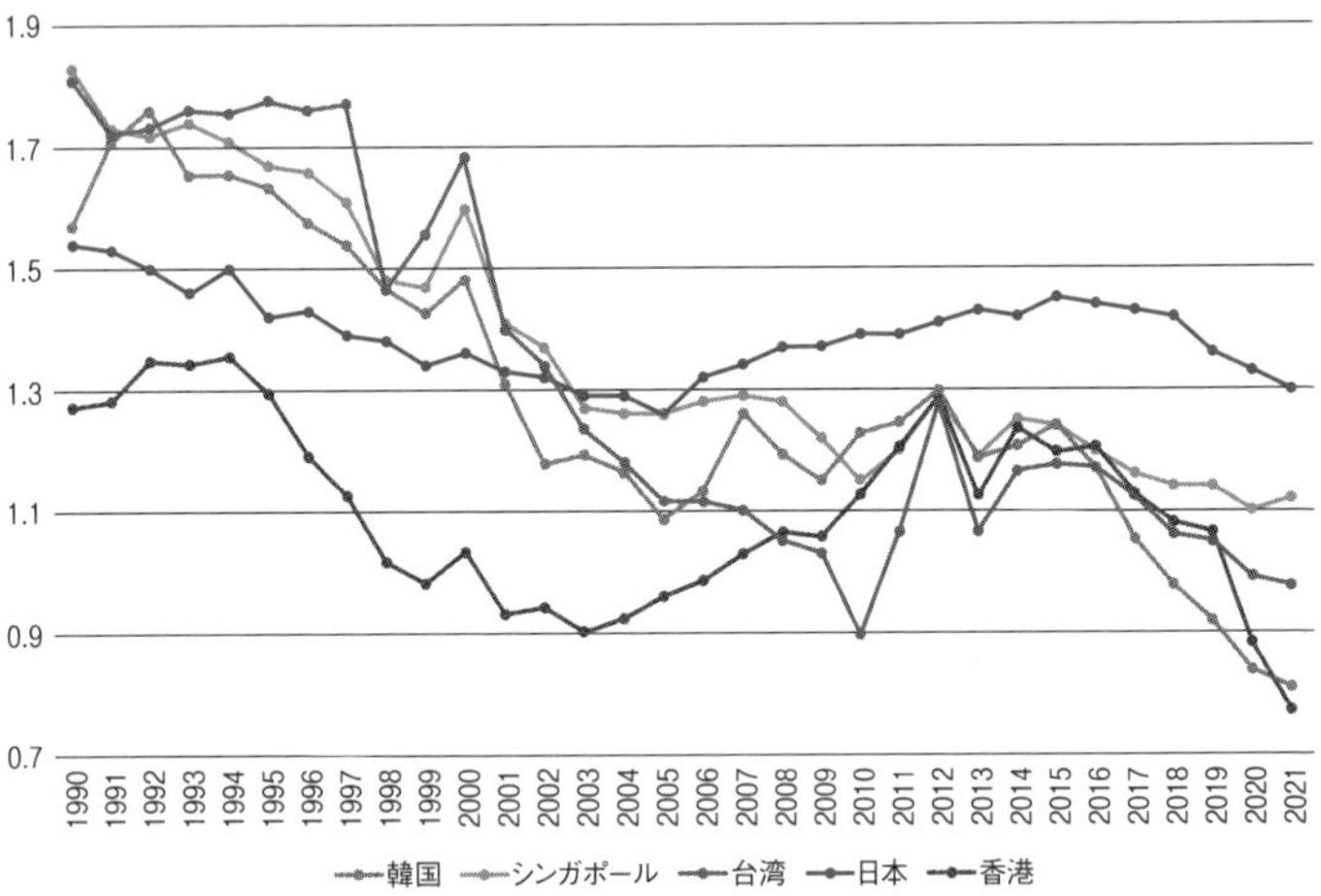

memo アジアNIEsは日本よりも少子化が深刻

出所：著者作成

となっていて、少子化はわが国の専売特許ではなく、もはや東アジア全体で起きている出来事といえます（**図1**）。

韓国では1955〜63年にベビーブームと呼ばれるほど出生数が増えました。これは1953年に朝鮮戦争の休戦協定が結ばれ、社会的混乱期を脱した頃です。

この時代に韓国で生まれた新生児はおよそ712万人を数え、死亡率の低下と合わせて、毎年3%の人口増加率を示しました。なんと合計特殊出生率が6を超えるほどだったといいます。

図2　韓国の2020年の人口ピラミッド

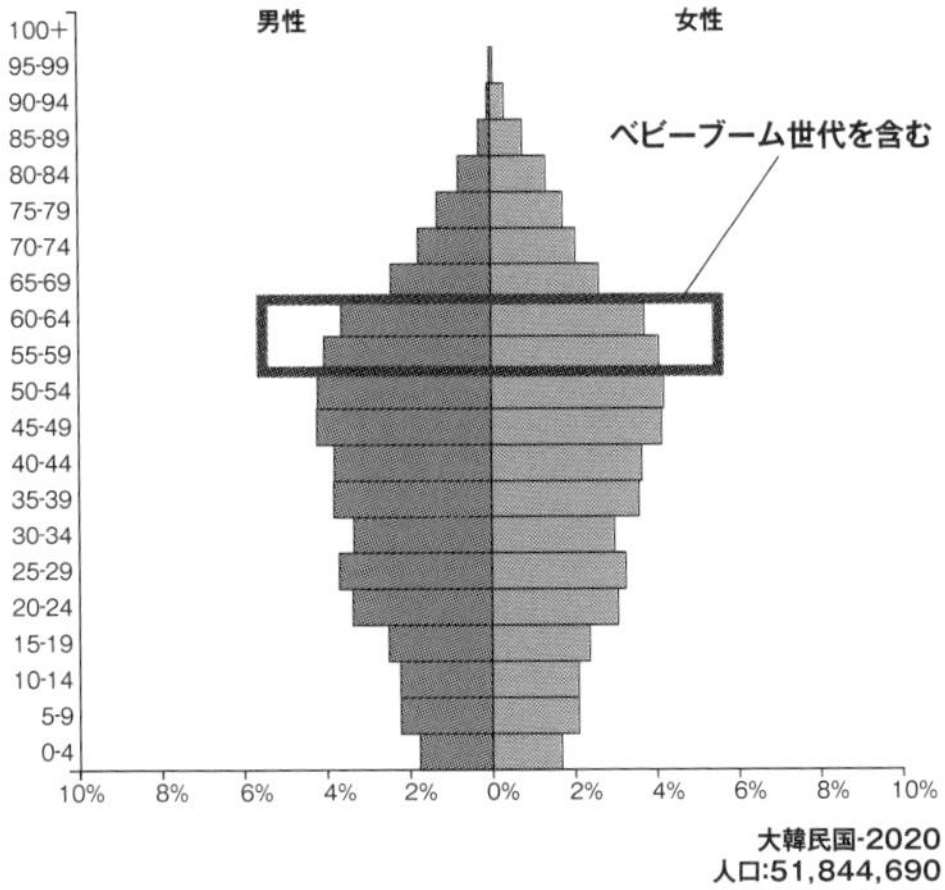

memo「つぼ型」になりつつある

出所：PopulationPyramid.net

しかし、これが食料供給や学校などの不足につながり、「人口抑制止むなし！」の認識が広がっていきます。

そこで、「むやみに生んでいては乞食の姿を免れない」「たくさん生んで苦労せず、少なく生んで立派に育てよう」といったスローガンを掲げ、家族計画事業を進めていきました。

この世代は韓国経済の成長に労働者として吸収され、社会的成功を収めた人が多いといいます。2020年時点で、57～65歳の年齢層に該当する人たちです。**図2**で韓国の2020年の人口ピラミッドを見ると、それが明らかです。さらに下の世代の方が相対的に割合が高くなっているのは、ベビーブーム世代の一部がすでに鬼籍に入り減少しているからです。

韓国のベビーブーム世代がすべて65歳以上となるのは２０２８年のことです。超少子化が起きているにもかかわらず、韓国の高齢者はいまだ17・5％（２０２２年、世界銀行）という水準です。現在はまだ高齢社会（老年人口割合14％以上）と呼ばれる水準ですが、今後の韓国は日本以上に少子高齢化の進展が早まり、２０４０年には高齢者割合が日本と同等になると予測されています。

韓国は超学歴社会となっていて、大学進学率は１９９０年には27・1％でしたが、２０００年には62・０％、２００５年には73・４％にまで上昇しています。しかし、大卒者の就職率を見ると、韓国は75・２％しかなく、日本の97・３％よりもはるかに低い水準です。これは**韓国のベビーブーム世代がまだまだ労働市場に存在しているためであり、若年層の就職機会、特に知的労働の機会を奪っているといえます**。就職して生活が安定しなければ、とてもじゃないが結婚に踏み切れないといったところでしょう。

これが韓国において婚姻件数が減少している理由でもあります。さらに大学進学率の上昇による教育費の高騰などは、合計特殊出生率を大幅に低下させる背景要因ともなっています。

また、韓国は人口5163万人（2022年、世界銀行）のうち、首都ソウルの人口がおよそ1000万を数えるなど、首都人口割合が極端に高い国です。そのためソウルの人口密度は15000人／平方㎞を超え、住宅費が非常に高い都市となっています。これを教育費と合わせて考えれば、子供を多く儲けられないことは明白です。そのため、合計特殊出生率が1・0を下回るという異常事態になっているわけです。

こうした先端技術産業に振り切った結果、教育費の高騰によって少子化が引き起こされたという点は、日本やアジアNIEsで共通した要因といえます。確かに高学歴化が進めば、それなりの収入を得るわけで、わざわざ結婚という選択をしない人が増えるのもある意味、自然な流れなのかもしれません。女性の社会進出によって、「結婚・出産」と「自身のキャリア形成」を天秤にかけざるを得ない状況が顕在化したといえるわけです。

国家経済を考えれば、国際競争力を高めようと考えて先端技術産業へ舵を切ろうとする理屈は分からないではありません。しかし経済は先端技術産業だけで成り立っているのではなく、第一次産業や第二次産業も重要な産業です。

儒教文化が要因？

2023年2月16日付けの「台北タイムズ」（台湾の英字新聞）では、こうした日本や中国、アジアNIEsを含めた国々の出生率が低いのは、「儒教《じゅきょう》文化」が作用しているからだと指摘していました。家事と育児を特定の性別、つまり女性に押しつけた結果、女性のキャリア断絶が発生してしまい、その結果、女性が出産を忌避《きひ》するという論です。

「自分の子供は大学に行かせてやりたい」と考える親は多いと思いますが、大学で修めた学問と親和性の低い仕事をしている人が多い中、果たして大学卒という肩書きにどんな意味があるのかと疑問に思うことがあります。もはや、最終学歴が高卒では恥ずかしいという見栄でしかないのではないかとすら思います。**実際に、「大学で何を学んだか」よりも、「どこの大学を出ているか」といった偏差値でしか他人を評価できない人がいることも事実です**。

儒教文化では婚外出産という概念はありませんし、未婚女性の出産を後ろめたく思ってしまうような社会的風潮はあります。どうしても結婚して出産という流れ以外は、陰口をたたかれる嫌いがあります。そして過度な学歴主義は、若い時期に激しい競争に放り込まれることとなり、結婚・出産という課題が後回しにされがちです。

「少子化対策とは、予算云々の問題ではないのでは？」と、最近ではそう思うようになってきました。

まとめ

- アジアNIEsは合計特殊出生率が極端に低い。これは儒教文化が要因の一つではないかと考えられている。
- 家事・育児の負担が女性に押しつけられ、女性のキャリア断絶が起きている。また学歴主義と、勤勉を是とする社会的評価基準も出生率に影響を与えている。

おわりに

日々、大学受験生に地理を教え、地理に関する書籍やコラムなどを執筆していると、

「地理学って何ぞや？」

という疑問と戦っているように思います。地理とは「地球上の理」ですので、さまざまな「理」を紐解いていくものだと考え、その材料としての「事実」を積み重ねていくことを意識しています。そうなると、「この話を扱うことも適切だろうか？」と、一見、地理学の領域を超えてしまっているのではないかと思うことが多々あるわけです。しかし物事の単純化、複雑化、どちらにも問題があろうかと思いますので、最適化のさじ加減が難しいといえます。

テレビやラジオ、新聞、雑誌、既存のメディアから流れてくる情報を見聞きするにつれ、つくづく「発信者が見せたい情報」が発信されているんだなと実感しています。もちろん、

メディアは商業主義であり、扇情主義《せんじょう》ですから、その瞬間においてもっとも耳目を集めることができるであろう情報を選んでいるわけです。もちろんそれは理解できます。

しかし、現代世界を構成する要素というものは多岐にわたっています。地形、気候、鉱工業、エネルギー、農牧業、人口、村落・都市、貿易、通信など、どれか一つだけを取り上げて論じても、現代世界を構成する要素としては不足が生じます。「テレビで○○さんが紹介していた」などといったことを情報源としてばかりいると、結局は多面的な視点は得られません。時として、我々は政治や経済を観察することこそ、「世の中を理解すること」と勘違いしがちですが、それは一面的な視点にすぎません。まるで恋愛話を相談する友達こそが親友であると勘違いしがちな高校生と何ら変わりません。

やはり、メディアで働く方々の頭の中を超えて情報を収集すること、つまり一次情報にあたることが重要です。それは英語などの外国語で発信された情報も含まれます。だからこそ、我々が外国語を学ぶ意味は、本来はそこにあるはずです。つまり外国語の習得によって「収集できる情報が増える」ということであり、分析する材料に厚みが増すということです。決して、大学受験を突破するためだけの学びではないはずです。

「はじめに」にて、地理学とは「地域を描く」、つまり任意の空間に存在する「事実を描いて観察する」ことであると述べました。任意の空間は観察する人によって、スケールの規模が変わるものです。同じ規模の空間スケールを観察している人同士の会話であれば問題ありませんが、観ている空間スケールが異なっていれば会話が成り立ちません。「森を観察している人」と「木を観察している人」では、それぞれの主張が平行線を辿り、全く生産性のない議論となってしまいます。「普遍性」と「地域性」を選別して論じること、これを私は地理学から学びました。

本書をきっかけに「地理学の面白さ」「地理教育の重要性」について、興味を持っていただけたら大変嬉しく思います。地理学は私たちの生活に密接に関係している学問だからこそ、地理を学ぶことは私たちの未来をより良いものにするために役立つはずです。

本書へご推薦文を寄せてくださった同志社大学教授・一橋大学名誉教授の内藤正典先生は、私が長年、勝手ながら私淑していた人物でした。そんな先生からご推薦文を頂けたことを光栄に思います。地理学を修めた者として、一つのゴールテープを切った想いです。感謝申し上げます。

本書を最後までお読みいただき、大変感謝いたします。本書が、読者のみなさんにとって、どれほど有意義な書になれるかはわかりません。しかし、少しでも地理学に対する蒙を啓くきっかけとなることを期待して、筆を擱きたいと思います。

2024年1月　宮路秀作

カバーデザイン　坂本真一郎（クオルデザイン）
本文デザイン・DTP　有限会社 中央制作社
校正　矢野航平
高橋裕（豊島岡女子学園中学校・高等学校教諭）
地図制作協力　藤本昇（木村図芸社）

現代世界は地理から学べ

2024 年 2 月 2 日　初版第 1 刷発行

著者　宮路 秀作
発行人　片柳 秀夫
編集人　志水 宣晴
発行　ソシム株式会社
https://www.socym.co.jp/
〒 101-0064　東京都千代田区神田猿楽町 1-5-15 猿楽町 SS ビル
TEL：(03)5217-2400（代表）
FAX：(03)5217-2420

印刷・製本　中央精版印刷株式会社

定価はカバーに表示してあります。

落丁・乱丁本は弊社編集部までお送りください。送料弊社負担にてお取替えいたします。

ISBN 978-4-8026-1448-1　